고전 독서 혁명

인간을 다시 만드는 책 읽기의 기술

" 고전을 가까이 하는 자는 결코 망하지 않는다."

" 단 한 번뿐인 인생 최고로 살고 싶다면
고전에 미쳐라. "

(EBS FM '고전읽기'에서 매 주 금요일 '김병완의 고전불패'를 진행했던 '독서의 신' 10년 동안 100권의 책을 출간한 '집필의 신' 김병완 작가가 밝히는 고전 읽기의 기술이며, 고전 읽기 시리즈로 시리즈 제1권은 고전 독서 혁명_ 인간을 다시 만드는 책 읽기의 기술이며, 제2권은 고전의 신이 되어라 _ 인생을 혁명하는 즐거운 고전 읽기의 비밀이다. 또한 이 책은 11년 전 출간된 책의 개정 증보판입니다)

' 가난한 자는 책으로 부유해지고, 부유한 자는 책으로 귀해진다.'

_ 왕안석, [고문진보], {권학문} 중에서

프롤로그 _ 1년 만이라도 고전에 미쳐라.

단 1년 만이라도 미치도록 고전을 읽는 고전 마니아가 되어라. 그렇게 된다면 당신은 최고의 눈부신 인생을 살아갈 수 있게 될 것이다.

' 고전을 가까이하는 자는 절대로 망하지 않는다.'

이 말은 필자가 EBS 라디오 '김병완의 고전 불패'라는 방송을 매주 금요일 오후에 진행했을 때 내 걸었던 문장이었다.

'고전 불패'라는 말도 이 문장을 네 글자로 함축한 말이다. 우리가 고전 독서법이라는 이 책을 읽어야 하는 이유도 바로 여기에 있다.

고전을 가까이하는 자는 절대로 망하지 않기 때문이다. 그뿐만 아니라 고전을 가까이하는 자는 반드시 성공을 맛볼 수 있게 되고, 잘 살아갈 수 있게 된다. 고전 속에는 삶을 잘 살아낼 수 있는 지혜와 혜

안이 담겨있기 때문이다. 그러므로 고전을 잘 읽는 방법을 제시해 준 이 책은 누구나 반드시 읽어야 할 책이다.

40대가 되기 전까지 필자는 고전은 물론이고 일반서 조차도 제대로 많이 읽지 않은 그런 사람이었다. 그 결과 좋은 대학을 나오고, 좋은 직장을 십 년 이상 다녔음에도 자기 삶조차도 주체적으로 살아가지 못했다.

누군가의 사상과 누군가의 주장에 휩쓸려 종속적인 삶을 살고 있는 것이었다.

한 마디로 노예의 삶이었고, 누구나 될 수 있는 그런 수백만 명의 삶 중에 똑같은 하나의 삶에 불과했다. 이런 삶을 살아 갈수록 점점 더 자기 삶의 의미와 가치는 찾을 수 없게 된다.

이런 삶을 살아간다면 열심히 살았음에도 나중에는 자기 자신을 잃게 되고, 빈껍데기 인생이 되고 만다.

나는 그것을 어느 순간 깨닫게 되었다.

그래서 나는 빈껍데기 인생에서, 종속적인 인생에서, 수백만 명의 삶과 똑같은 삶에서 벗어나기 위해 책을 붙잡았다. 수천만 원에서 수억 원의 연봉을 포기하고 책을 읽었다.

결과적으로 책은 필자에게 새로운 인생을 살아갈 수 있는 힘을 주었다. 그리고 어제보다 더 나은 삶을 주체적으로 살아 나갈 수 있는 주인 정신과 사고력을 길러주었다.

덕분에 필자는 지난 40년 동안 살아왔던 삶과 비교도 안 되는 놀라운 삶을 살아가고 있다.

만약에 누군가가 필자에게 다시 인생을 산다면 어떤 삶을 선택하고 싶은지 묻는다면 필자는 조금도 주저하지 않을 것이다. 지금의 삶이 백 배 더 좋은 삶이기 때문이다.

고전 독서는 바로 이러한 삶의 변화와 도약을 만날

수 있게 해준다. 그래서 고전 독서는 매우 중요하다. 하지만 그 방법과 접근법이 올바르지 못하거나 힘들거나 어렵다면 그림의 떡과 같은 것이 될 것이다.

이 책의 존재 목적은 바로 여기에 있다.

누구나 고전을 쉽고 즐겁게 그리고 올바르게 접근하고 읽을 수 있도록 고전 독서에 대한 몇 가지 방법을 담았다.

명심하자. 고전을 가까이하는 자는 절대로 망하지 않는다. 그러므로 지금 당장 고전을 손에 들고 읽어라. 그렇게 되면 인생이 바뀌게 될 것이다.

명심하자. 인생은 단 한 번뿐이다. 당신에게 주어진 단 한 번뿐인 인생을 시시하게 살아가고자 하는가? 그것이 아니라면 고전을 읽어라. 고전에 미쳐라. 단 한 번뿐인 인생! 최고로 살아봐야 하지 않겠는가?

프롤로그_ 1년 만이라도 고전에 미쳐라.

제1장. 고전! 왜 읽어야 하는가?

고전이란 무엇인가?

고전을 왜 읽어야 하는가?

빈자인서이부(貧者因書而富)

부자인서이귀(富者因書而貴)

고전은 삶을 변화시킨다.

1년 만이라도 고전에 미쳐라.

초강대국은 모두 고전 독서 강국이었다.

최고가 되고 싶다면 고전을 읽어라.

인생을 낭비하는 것은 치욕이다.

사람 노릇을 하고 싶다면

자기계발서와 고전은 다르다.

제2장. 고전, 어떤 고전을 읽을까?

위대한 질문이 탄생하게 만드는 책을 읽어라.

많이 생각하게 하는 책을 읽어라.

의식을 확장하게 시키는 책을 읽어라.

세상을 바라보는 창이 되는 책을 읽어라.

누군가 추천하는 고전은 먼저 읽지 마라.
고전 독법의 선택 기준 한 가지

제3장. 고전, 어떻게 읽어야 할까?

책 속에 자신을 내 던져라.
책과 하나가 되어라.
온몸으로 읽어라.
책과 대화를 나누라.
위대한 자기만의 고전 노트를 작성하라.
세 번 읽고 세 번 익혀라.
고전 일기를 매일 쓰라.
고전을 통으로 읽고 꿰뚫어 보고 먹어라.
고전과 고전이 싸우게 하라.
절대 조급해 하지 마라.
철학자처럼 읽어라. 특히 칸트처럼.
실학자처럼 읽어라. 특히 다산처럼.

에필로그 _ 단 한 번뿐인 인생, 제대로 살고 싶다면 고전에 미쳐라.

인문 고전이 없었다면 마이크로소프트는 없었다.

- 빌 게이츠 -

제1장. 고전 古典! 왜 읽어야 하는가?

' 좋은 책을 읽지 않는다면 책을 읽는다고 해도 문맹인 사람보다 나을 게 없다.'

_ 마크 트웨인.

고전이란 무엇인가?

" 고전은 오래된 책이다. 그 긴 세월을 지나는 동안 퇴색되지 않을 만큼 버틸 수 있었던 인류의 근육이며 신경체계이다. 그러나 고전은 단지 오래된 책이 아니다. 고전은 '진실에 진실한 작가'들이 쓴 책이다. 이것이 조지프 캠벨식 정의다. 진실에 진실하다는 것은 불완전한 인간을 사랑할 수밖에 없게 만들어준다. 고전은 완전한 사람들의 이야기가 아니다. 완전한 인간은 우리의 관심을 끌지 못한다. 그것은 인간이 아니기 때문이다. 불완전하여서 우리는 사랑하지 않을 수 없다. 아이들을 봐라. 매일 엎어지고 자빠지고 깨진다. 몸은 조그맣지만, 머리는 터무니없이 크다. 이 불완전한 균형이 사랑스럽지 않은가? 아슬아슬한 것, 인간이라고 느끼게 하는 그 순간 그 모습을 사랑할 수밖에 없다. 하느님은 두렵고 무섭다. 완전하기 때문이다. 그래서 나는 좋은 신앙인이 아닌지도 모른다. 그러나 십자가에 달린 그리스도를 보면 그를 사랑할 수밖에 없다. 아들을 안고 비탄에 빠진 어머니를 보면 사랑할 수밖에 없다." < 구본형, [구본형의 마지막 수업], 10 ~11쪽 >

고전(古典)이란 오랫동안 많은 이들에게 특정 시대와 특정 공간을 초월하여 널리 읽히고 높게 평가받아 온 책이다.

고전은 오랜 시간을 견디어 낸 위대한 책이다. 그러므로 고전은 고전 그 자체로서도 충분히 가치가 높다. 하지만 고전의 진짜 가치는 그것에 있지 않다.

고전의 진짜 가치는 그 책을 읽는 이들이 의식의 확장에 있다. 고전을 읽는 이와 일반실용서만 읽는 이는 차이가 적지 않다.

일반실용서만 읽는 이들을 일본의 어느 작가는 '남을 흉내 내는 원숭이'와 같다고 말한 적이 있다. 이 작가뿐만 아니다. 일반실용서만 읽는 이들을 적지 않는 작가들과 지성인들이 비난을 서슴지 않는다. 하지만 고전을 읽는 사람들을 비난하거나 헐뜯는 작가들이나 지성인들은 없다.
그만큼 고전은 위대한 책이다. 진짜다.

톨스토이는 진짜 공부를 위해 대학을 중퇴했다. 그가 선택한 진짜 공부는 다름 아닌 '인문 고전 독서'였다.

고전은 이런 것이다. 진짜 공부가 되는 책이 고전이다.

일반실용서를 100권 읽은 사람과 고전을 100권 읽은 사람은 달라도 너무 다르다. 무엇보다도 그들의 삶의 질이 너무나도 달라진다. 그 사실을 믿지 못하겠다면 나를 보시라.

고전 독서를 통해 인생이 달라져도 너무나도 달라진 사람이 필자다. 그리고 그런 사람들이 한두 명이 아니다.

고전 독서를 하면 왜 인생이 달라질까?

이 질문을 통해 고전이 다른 일반서와 다른 점을 명확하게 알 수 있다. 고전은 지식이나 정보가 담긴 책이 아니라 위대한 지혜와 통찰력이 담긴 책이기 때문이다.

 지식이나 정보가 담긴 책은 고전이 될 수 없다. 학교에 다니면 접하게 되는 수많은 교과서는 지식과 정보가 담겨있다. 과학 지식, 역사 지식, 수학 지식 등이 담겨있는 그런 책을 두고 우리는 고전이라고 하지 않는다.

 지식과 정보는 인간이 삶을 영위해 나가는 데 필요한 하나의 수단이 되어 버렸다. 과거에는 사냥하는 방법, 숲에서 잠을 자는 방법, 독충을 피하는 방법, 먹을 수 있는 것과 없는 것을 구별하는 방법 등이 생존을 위해 가장 필요한 수단이었다.

 그런데 이것이 변화를 거듭한 끝에 지식과 정보 사회에서는 지식과 정보가 이런 것들보다 더 중요한 삶의 수단이 되었고, 이제는 지식과 정보보다 지혜와 통찰력이 그 어떤 시대보다도 더 중요한 삶의 수단이 되었다.
 한 마디로 인간과 세상이 모두 성장하고 도약하여, 매우 높은 수준까지 올라와 버렸다는 사실이다.

불과 50년 전만 해도 글을 읽을 줄 아는 것이 매우 큰 무기였고, 힘이 되어 주었다. 하지만 이제는 글을 읽을 줄 안다는 것이 그 어떤 힘도, 무기도 되지 않게 되었다. 사람들의 수준이 높아져서 누구나 글을 읽을 줄 아는 시대가 되었기 때문이다.

그래서 오히려 지금 같이 수준 높은 시대에서는 글을 읽지 못하는 사람들이나, 책을 거의 읽지 않는 사람들이나 모두 다를 바 없이 불이익을 당하게 되는 것이다.

자기 자신은 변함없이 자전거를 타고 경주를 하고 있는데, 다른 참가자들은 모두 갑자기 스포츠카로 갈아타는 것과 같은 현상이 지금 우리 사회에서 벌어지고 있다.

책을 읽지 않는 것은 걸어서 가는 것과 같고, 일반 실용서만 읽는 것은 자전거를 타고 가는 것과 같다. 고전을 읽는다는 것은 스포츠카를 타고 가는 것과 같다.

필자는 강의할 때마다 자전거와 KTX 이야기를 하곤 한다. 부산에서 출발해서 서울까지 가는 경주에서 사람 대부분은 자전거를 타고 가지만, 필자는 KTX를 타고 간다. 누가 더 일찍 도착할까? 당연히 KTX를 탄 사람이다.

 고전이란 스포츠카나 KTX와 같은 것이다. KTX는 인류의 문명과 기술이 모두 응축이 되어 시속 200Km 이상 달릴 수 있는 고속의 기차이다. 어떤 것을 타느냐에 따라 시간과 에너지 소모가 엄청나게 달라진다.

 이와 마찬가지로 어떤 종류의 책을 읽느냐에 따라 도약하고 성장하느냐가 결정 날 뿐만 아니라 시간과 에너지 소모도 크게 달라진다.

고전을 왜 읽어야 하는가?

 고전을 왜 읽어야 하는 것일까?

 고전은 당신이 한 번뿐인 인생을 최고로 살기 위해서 최고로 필요한 것이기 때문에 읽어야 하는 것이다.

 마크 트웨인의 말을 기억하라.

 " 당신에게 가장 필요한 책은 당신으로 하여금 가장 많이 생각하게 하는 책이다."

 그의 말은 백번 지당하다. 당신에게 가장 필요한 책은 당신으로 하여금 가장 많이 생각하게 하는 고전이다. 왜 고전이 당신으로 하여금 가장 많이 생각하게 하는 책일까?

 일반실용서는 정답이 정해져 있다. 작가가 이미 정답을 만들어 놓고, 그것에 대해 짜 맞추기 때문이다. 심한 표현일 것 같지만, 사실이다. 다시 말해 성공의 비결에 관해서 이야기한다고 하자.

 일반실용서 작가들은 자신이 경험을 토대로 어떻게 어떻게 해서 자신이 성공하게 되었다는 것을 자신 있게 이야기한다. 혹은 독서법이나 공부법에 대해서도 자기 경험과 자신이 읽고 배운 지식을 통합하여 해법을 제시해 준다.

 바로 이것이 일반실용서의 한계이다. 쉽고 빠르게 독자들이 해법을 얻어서 그것을 실천할 수 있다는 장점이 있다. 물론 필자도 이러한 책들을 많이 집필했다. 물론 이러한 책들이 나쁘다는 것은 아니다.

 이러한 책들도 읽지 않는 사람들이 아주 많다. 그래서 독서를 아예 하지 않는 사람들보다 이러한 책들을 쓰고, 읽는 사람들이 훨씬 더 잘 사는 것이다. 하지만 최고의 인생을 살기 위해서는 이러한 책들만으로는 부족하다는 것이다.

 그래서 일반실용서를 많이 읽다 보면 자연스럽게 고전에 대한 필요성을 느낄 수밖에 없다. 일반실용서가 채워주지 못하는 부분이 있기 때문이다.

 몇 단계 더 성장을 할 수 없는 한계에 부딪힐 때 반드시 읽어야 하는 책, 돌파구가 될 수 있는 책, 진퇴양난에 빠졌을 때, 길을 발견할 수 있게 해주는 책, 그런 책이 바로 고전이다. 그래서 고전은 읽어도 되고 안 읽어도 되는 책이 아니다.

 바로 그런 책이 고전이다. 고전은 고전이기 때문에 읽어야 한다. 고전은 우리 삶에 돌파구가 되어 주기 때문에 읽어야 한다. 고전은 우리의 한계를 뛰어넘어 도약할 수 있게 해주는 책이기 때문에 읽어야 한다.

 전혀 다른 인생을 살고 싶다면 고전을 읽어야 한다. 고전을 읽지 않고 전혀 다른 인생을 살게 된 사람은 찾아볼 수 없을 것이다.

빈자인서이부(貧者因書而富) 부자인서이귀(富者因書而貴)

貧者因書而富 富者因書而貴
빈자인서이부 부자인서이귀

' 가난한 자는 책으로 부유해지고, 부유한 자는 책으로 귀해진다.'

북송(北宋) 시대 문필가였던 왕안석의 '권학문'이라는 글에 보면 나오는 문장이다. 이 글은 그가 ' 옛날 글 가운데 참된 보물'을 모아 놓은 책인 [고문진보]라는 책에 실려 있다.

왕안석이라는 사람은 독서의 중요성을 강조하면서 부자가 되는 것만을 최고로 두지 않았다. 부자가 된다 해도 그것보다 더 중요한 것은 귀한 사람이 되어야 한다는 것을 강조했다. 그런데 가난한 사람이 부자가 되는 것보다, 부자가 귀한 사람이 되는 것이 더 중요하고 더 높은 단계라고 그는 말한다.

고전을 읽어야 하는 이유가 바로 이 한 문장에 모두 응축되어 있다.

일반실용서는 읽게 되면 돈을 많이 벌 수 있거나 성공할 수 있게 될지도 모른다. 하지만 사람을 귀하게 만들어주지는 않는다. 절대로 말이다. 그런데 고전을 읽게 되면 가난하든, 부자든 상관없이 귀하게 된다는 것이다.

이것이 고전의 힘이며, 동시에 당신이 고전을 읽어야 하는 이유이다.

고전을 읽는다는 것은 그저 사는 것이 아니라 잘 살 수 있는 능력을 키운다는 것이다. 그런 점에서 수준이 매우 높은 행위이다.

왜 책을 읽으면 가난한 사람들이 부유해지고, 부유한 사람들은 귀해지는 것일까?

부자가 된 사람들은 모두 사고력과 판단력이 뛰어난 사람들이다. 그리고 귀해진 사람들은 모두 올바른 마음을 지닌 사람들이다. 이런 사람들은 뇌물이나 성추행과 같은 행동과는 거리가 멀다. 그래서 하루아침에, 정계에서 쫓겨나는 고위직 공무원과는 차원이 다를 만큼 국민의 존경을 받게 된다.

그런데 사고력과 판단력, 올바른 마음은 모두 책을 통해 기를 수 있다. 책 중에서도 고전을 통해서 기를 수 있다. 이런 사실에 대해서 조선 시대에 아홉 번이나 과거에 장원 급제한 '구도장원공'이었던 율곡 이이는 [격몽요결]에서 이렇게 설명했다.

" 지금 우리가 생각하는 공부인 책 읽기는 왜 하는 것인가? 그것은 책을 통해 성인들의 마음 쓰임을 알고, 또 그것을 통해서 올바른 판단력을 기르기 위해서라는 것이다. 따라서 공부하는 사람이 읽어야 할 책은 뒤에 이어서 설명이 되고 있지만, 성인과 현명한 사람이 쓴 책이어야 한다. 성인이 쓴 책을 읽어야 성인과 같은 올바른 마음을 지닐 수 있게 되기 때문이다. 현명한 사람이 쓴 책을 읽어야만 현명한 올바른 판단력을 갖게 되기 때문이다."

< 이이, [격몽요결], 연암 서가 출판

사, 77쪽 중에서 >

 고전을 읽어야 하는 이유가 바로 이것이다. 율곡 이이 선생은 잘 알고 계신 것이다. 현명한 사람이 쓴 책을 읽어야 현명한 올바른 판단력을 갖게 되기 때문이다. 또 성인이 쓴 책을 읽어야 성인과 같은 올바른 마음을 지닐 수 있게 되기 때문이다.

고전은 삶을 변화시킨다.

 일반실용서는 당신에게 지식이나 정보를 제공해 준다. 그런 점에서 일반서는 당신을 변화시키지 못한다. 다만 조금 더 나은 수단을 제공해 줄 뿐이다. 지식이나 정보 역시 하나의 도구에 불과하기 때문이다.

 하지만 고전은 다르다. 고전은 당신을 완전하게 변화시키고, 당신의 삶까지 변화시킨다. 그런 점에서 고전은 일반서와 비교가 되지 않는다. 고전은 이런 점에서 마법사다. 누군가의 삶을 완전하게 바꾸어 놓기 때문이다.

 고전 독서를 통해 삶이 완전하게 바뀌었다고 하는 사람들은 수없이 많다. 존 스튜어트 밀, 윈스턴 처칠, 조지 소로스, 헤겔, 뉴턴, 나폴레옹, 모택동, 링컨, 다산 정약용, 율곡 이이, 세종대왕, 정조 대왕, 마쓰시타 고노스케, 정주영, 이병철, 워런 버핏, 도쿠가와 이에야스, 알렉산더 대왕, 찰스 핸디, 피터 드러커와 같은 사람들은 모두 고전 읽기를 통해 최고의 인생을 살았던 인물들이다.

 어떻게 해서 이들은 고전 읽기를 통해서 위대한 인생을 맛볼 수 있었던 것일까? 그것은 그들이 남다른 방법을 선택했기 때문이 아니라 남다른 책인 고전을 선택하여, 꾸준히, 그리고 제대로 읽었기 때문이다.

 고전은 읽는 이들의 사고방식과 사고의 질을 달라지게 하는 힘을 갖고 있다. 그래서 고전을 읽으면 사고력이 향상된다. 고전을 그저 교양이나 쌓고, 성공하고 출세하기 위한 수단으로 삼게 되면, 이러한 고전의 남다른 힘을 맛볼 수 없다.

 성공하고 출세하기 위해 사는 삶은 그저 사는 삶이기 때문이다. 소크라테스는 그저 사는 것이 아니라 잘 사는 것이 중요하다고 설파했다.

고전은 그저 살게 해주는 것이 아니라 잘 살 수 있게 해주는 남다른 책이다. 고전이 일반서와 가장 다른 이유는 바로 이것이다. 고전은 왜 잘 살 수 있게 해주는 남다른 책이 되었을까?

 고전에는 정답이 없기 때문이다. 고전은 다른 말로 하면, 정답이 없는 책이다. 하지만 일반실용서는 정답이 있다. 그리고 그 정답이 그 책의 주된 내용이다. 하지만 고전은 정답이 없어서 주된 내용이 독자들이 생각하고 또 생각하도록 만든다.

 이것이다. 이것이 고전의 비밀이다. 그런데 고전은 수준 낮은 일상사에 대한 생각이나 평범한 생각을 하게 하는 것이 아니라, 위대한 생각, 수준 높은 생각, 자신을 뛰어넘는 천재들과 위인들과 성인들의 생각을 맛보게 하고, 스스로 할 수 있게 한다. 이것이 고전이 가진 힘의 비밀이다.

 일반실용서는 많이 읽게 되면 지식이나 정보, 방법 등을 많이 얻게 된다. 하지만 고전은 다르다. 고전은 많이 읽게 되면 지식이나 정보가 아니라 사고와 의식의 확장을 경험하게 되고, 얻게 된다.

 바로 이런 점 때문에 고전은 인생을 그저 살게 해

주는 책이 아니라, 잘 살 수 있게 해주는 책이다. 인생을 잘 살기 위해서는 반드시 남과 다른 사고력과 올바른 판단력이 있어야 한다. 이것은 학교에서 혹은 누군가로부터 직접적으로 배울 수 있는 그런 종류의 것이 아니다.

이것은 탁월함의 문제이기 때문이다.

인생을 잘 살기 위해서는, 특히 위대한 인생을 살고, 최고로 살기 위해서는 탁월한 존재가 되어야 한다. 탁월한 존재가 된다는 것은 남과 다른 생각과 의식을 가진다는 것을 의미한다.

탁월함은 가르칠 수도, 배울 수도 없는 것이다. 스스로 익혀야 하고, 갖추어야 하는 것이다. 고전이란 바로 이러한 탁월함을 스스로 익히고 갖추어 나갈 수 있도록 해줄 수 있는 남다른 책이다.

1년 만이라도 고전에 미쳐라.

 당신에게 당신의 삶은 어느 정도 가치가 있는 것인가?

 단 한 번뿐인 인생이기 때문에 그 가치는 돈으로 환산할 수 없을 것이다. 하지만 그렇게 무한한 가치가 있는 소중한 인생이라도 고된 일과 생활고에 시달린다면 어떨까요?

 왜 사는지도 알지 못한 채 일하는 기계처럼 매일 일만 하고 누군가가 시키는 일만 하면서 산다면 어떨까요?

 무한한 가치가 있는 인생을 살면서 스스로 그 가치를 땅바닥에까지 떨어뜨리면서 살 수 있게 하는 유일한 사람은 본인이다.

 당신이 단 1년 만이라도 고전에 미쳐야 하는 이유가 여기에 있다. 단 1년 만이라도 고전에 미친다면, 최소한 당신의 인생을 평균 이상으로 도약시킬 수 있기 때문이다.

 런던 빈민가의 접시닦이로, 웨이터로, 마네킹 공장 일꾼으로, 철도역 짐꾼 등으로 일을 했던 사람이 고전에 미치게 되자, 세계 금융계의 황제가 될 수 있었던 사실을 당신은 알아야 한다.

 고전은 미친 듯이 치열하게 읽어야만 한다. 미친 듯이 치열하게 지독하게 읽어야만 의식이 확장되기 때문이다. 강 건너 불구경하듯 그렇게 눈으로, 머리로 읽으면 밑 빠진 독에 물 붓기 식이 되고 만다.

 그래서 미쳐야 한다. 고전에 미쳐라. 그것도 딱 1년 만이라도 말이다. 그렇게 고전에 미치면, 인생이 완전하게 달라진다. 필자는 그것을 경험했다. 물론 고전만 읽었던 것은 아니었지만, 그 책 속에 고전도 포함되어 있었다는 것은 매우 다행스러운 일이라고 생각한다.

 알게 모르게 많은 책을 읽었던 덕분에 고전도 적지 않게 읽었던 것 같다. 특히 서양 고전보다 동양 고전에 심취해서 미쳤던 것 같다. [논어] [도덕경] [손자병법] [사기] 등이 대표적인 고전이었다.

부끄러운 사실은 독서 초보였던 5년 전에 아무 생각 없이 닥치는 대로 책을 읽었다는 것이다. 그런데 그렇게 닥치는 대로 읽고 나서 생각해 보면 우리의 고전보다 중국의 고전이 압도적으로 더 많이 읽게 된다는 사실이다.

이 사실이 말해 주는 현상은 한국인들은 아직도 사대주의에서 벗어나지 못하고 있다는 것이다. 즉 우리 선조들의 고전보다 중국의 고전을 더 많이 읽고, 더 자주 읽고, 더 많이 쓰고, 더 자주 쓴다는 것이다.

도서관에서 가서 자기계발서 서적을 닥치는 대로 100권을 읽어 보면, 우리의 고전을 주제로 하거나 근거로 하여 풀어 쓴 책들은 찾아보기 힘들지만, [논어]나 [도덕경] [손자병법] [사기] 등을 주제로 하거나 근거로 하여 풀어 쓴 책들은 어렵지 않게 찾아볼 수 있다는 사실이다.

필자도 우리 고전을 많이 읽지 못했다. 부끄러운 사실이다. 하지만 이 책을 읽는 독자들은 필자와 같은 잘못을 저지르지 않기를 바란다. 물론 다른 사람들에 비하면 그래도 우리 고전을 많이 읽은 편에 속하지만, 그래도 스스로 평가해 볼 때, 부끄러운 점이 이만저만이 아니다.

 필자가 정말 하고 싶은 말은, 1년 만이라도 고전에 미친 덕분에 지금의 필자가 존재할 수 있게 되었다는 사실이다. 그러므로 독자들도 1년 만이라도 고전에 미쳐보라. 세상을 내다보는 눈이 길러지고, 그로 인해 새로운 인생을 살아 나갈 수 있는 힘을 얻게 된다.

초강대국은 모두 고전 독서 강국이었다.

고전을 왜 읽어야 하는지를 가장 절실하게 깨닫게 해주는 한 가지 사실이 있다. 그것은 '초강대국은 모두 고전 독서 강국'이라는 사실이다.

보라. 일본이 2차 세계 대전에서 패전하고서도 초강대국으로 부상했다. 그 이유가 무엇일까?

일본이 고전 독서 강국이었기 때문이다. 일본은 일제 강점기 시대에 이미 시골까지 수천 개 이상의 공공 도서관을 정부 차원에서 만들었고, 독서 국민을 탄생시켰다. 결과적으로 일본은 고전 독서의 힘을 통해 패전한 국가이면서도 초강대국으로 도약을 할 수 있게 되었다.

중국은 또 어떨까?

중국은 동양 고전의 정수인 공자와 노자가 살았던 위대한 고전 국가였다. 중국이 수 천 년 동안 초강대국으로 군림할 수 있었던 것은 그들의 영토가 넓었기 때문이 아니다. 그 이유는 바로 그들에게는 고전의 신들이 존재했기 때문이다.

공자와 노자가 살았던 나라, 현대 경영학에서 교재로 삼고 있는 [손자병법]을 쓴 손자가 살았던 나라, 모든 동양 고전의 뿌리가 되는 나라가 바로 중국이다.

영국이 초강대국으로 도약하게 된 이유도 또한 고전 독서였다. 고전을 무엇보다 사랑했기에 영국에는 '식민지 인도와 셰익스피어를 바꾸지 않겠다.'라는 말이 여왕과 작가들 사이에서 매우 유행했다.

이러한 현상이 중국에도 그대로 일어났다. 중국은 우리가 생각하는 것보다 훨씬 더 인문 고전 국가이다. 중국인들은 자신을 행복하게 해주는 책이 있다고 생각했고, 그 책을 읽는 것을 즐겼다.

그 책이 바로 '홍루몽'이다. 중국에는 '홍루몽을 만리장성하고도 바꾸지 않겠다.'라는 말이 있다. 이 정도로 고전을 사랑하는 민족이 중국의 민족들이다.

 단순히 국토가 넓어서 초강대국이 되는 것은 절대 아니다. 그런 점에서 중국은 위대한 인문 고전 국가이다.

 인문 고전 독서의 강국이 아니더라도 2등까지는 할 수 있다. 1등인 초강대국을 그대로 쫓아가면 되기 때문이다. 하지만 1등인 초강대국이 되기 위해서는 더 이상 쫓아가서는 안 된다.

 새로운 문화와 의식과 국가를 창조해야만 초강대국으로의 도약이 가능하기 때문이다. 이것은 1등의 딜레마인지도 모른다. 이러한 딜레마를 이겨낼 수 있는 유일한 방법은 인문 고전 독서 강국이 되는 것밖에 없다.

 고전 독서 강국이 되면, 새로운 문화와 의식으로 새로운 국가가 재창조될 수 있다. 이것이 초강대국으로 나아갈 수 있는 유일한 방법이다.

최고가 되고 싶다면 고전을 읽어라.

 진짜다. 최고가 되고 싶다면 고전을 읽어야 한다. 그것이 평범한 당신이 비범한 존재로 스스로 혼자서 도약할 수 있는 유일무이한 방법이다.

 고전을 읽으면 당신은 최고가 되고 싶지 않다고 해도 최고가 될 수 있다. 그것은 마치 물을 높은 곳에 부으면, 낮은 곳으로 흘러 내려가는 것과 같은 이치다. 고전이란 물과 같은 것이다.

 물은 하나로 존재하면 그 힘이 미약하다. 하지만 물과 물이 만나서 강물이 되면 그 힘이 굉장히 강해지고, 그 강물들이 하나의 큰 덩어리로 만나게 되면 이 세상의 그 어떤 것도 그것을 위협할 수 없게 된다.

 고전을 읽고, 또 읽은 사람들은 의식과 사고가 그것을 읽지 않는 사람들과 전혀 다르다. 일반서적조차 읽지 않는 사람들은 자기 자신만의 작은 우물 안에서 평생 살아가는 어리석은 사람들임에 틀림없다. 그 누구도 스스로 자신이 틀을 깨고 나올 수 있는 사람은 없다. 만약에 타고난 천재라면 모를까?

하지만 타고난 천재는 이 세상에 존재하지 않는다는 것이 필자의 결론이다. 정말 중요한 사실은 이 세상에 이름을 남긴 천재들이 모두 처음에는 평범했거나 심지어는 둔재였다는 사실이다.

정치인으로서 유일하게 노벨 문학상을 받은 윈스턴 처칠은 학창 시절 때 낙제를 도맡아 했다. 존 스튜어트 밀도 둔재로 소문이 났던 인물이다. 이들이 고전 독서를 통해 뒤늦게 위대한 인물로 자신을 최고로 만들었다.

이들을 최고로 만들 수 있었던 것은 학교 교육이 아니었다. 학교 교육은 안 된다. 절대 안 된다. 평범한 아이들을 더욱더 평범하게만 만드는 것이 학교 교육이다.

수준 높은 교육을 받지 못하고, 힘든 농사일만 했던 모택동은 학교를 포기하고, 도서관을 선택했다.

그가 6개월 동안 도서관에 칩거하다시피 하면서 읽었던 고전은 그로 하여금 13억 중국인들의 국부 자리에 오르게 해주었다.

조지 소로스, 워런 버핏, J.P. 모건, 찰스 핸디 등과 같은 위대한 인물들은 남들이 하지 않았던 고전 독서를 통해 그 분야에서 최고가 되었다.

피터 드러커가 현대 경영학의 창시자가 될 수 있었던 것은 그의 경영학적 지식 때문이 아니었다. 다른 경영학자들이 할 수 없는 분야, 즉 철학을 포함한 고전에 대한 수준이 매우 높았기 때문이다.

피터 드러커는 경영학을 가르치기 전에 철학을 대학 강단에서 가르칠 정도로 고전의 고수였다.

스티브 잡스 역시 위대한 혁신가가 될 수 있었던 이유는 그가 남달리 고전에 심취한 경영자였기 때문이다.

일본에서 경영의 신이라 불리는 마쓰시타 고노스

케 역시 고전의 고수였다. 그가 경영을 하면서 의지했던 한 가지 책은 '손자병법'이었다. 글로벌 기업 삼성의 창업자인 이병철 회장이 평생 읽고 또 읽으면서 경영의 원칙으로 삼았던 것은 동양 고전의 정수였던 '논어'였다.

고전은 사람의 심지를 담금질하여 귀한 보물이 되게 해준다. 그런 점에서 진정한 의미의 도야(陶冶)하는 것이라고 말할 수 있다.

도(陶)란 '도자기를 굽는 다'는 것을 의미하는 질그릇 '도'자 이다. 야(冶)는 '쇠를 뽑는다.'라는 의미의 불릴 '야'자 이다. 보석으로서 가치가 없는 길거리의 흙을 구워서 보석보다 더 가치 있는 고려청자로 만드는 것이다.

고전을 읽는다는 것도 바로 이와 같다. 위대한 인물들의 사상이 담긴 책을 읽고 또 읽게 되면, 그러한 반복 속에서 평범했던 흙덩이가 고려청자와 같이 가치 있는 존재로 거듭나게 되는 것이다.

인생을 낭비하는 것은 치욕이다.

고전! 왜 읽어야 하는가?

한 마디로 인생을 낭비하는 것은 치욕이기 때문이다. 고전을 읽지 않으면 인생을 낭비하게 된다.

자기계발서를 읽으면 인생이 아닌 작은 꿈과 목표, 특히 물질적인 꿈과 목표를 성취할 수 있게 된다. 하지만 고전을 읽지 않으면 인생을 놓치게 된다. 그래서 고전을 읽어야만 한다.

자기계발서는 물질적인 꿈과 목표를 성취할 수 있도록 도와주는 현실 감각적인 책이다. 그렇다고 자기계발서가 나쁜 책은 아니다. 가난하게 살던 사람들이 자기계발서를 통해 직장생활을 좀 더 현실적으로 잘할 수 있게 되고, 인간관계가 힘들어 불행했던 사람들이 자기계발서를 통해 인간관계를 개선할 수 있게 되어, 더 행복하게 되기도 한다.

성공과 행복은 모두 현실적인 이야기다. 그래서 성공과 행복에 대한 책이 가장 현실적인 이 시대, 즉 현대에 그렇게 많이 나오고 이야기되고 회자하고 쓰이는 것이다.

하지만 고전은 현실적인 이야기가 아니다. 어떻게 보면 고전만큼 비현실적인 이야기도 없다. 하지만 우리가 고전을 읽어야 하는 이유는 현실적으로 부자가 되고, 성공하고, 작은 물질적인 꿈과 목표를 빠르게 실현하는 것에 있지 않다.

우리가 고전을 읽어야 하는 이유는 인생을 인생답게 살도록 하기 위해서다.

다르게 이야기하자면, 인생을 사는 방법은 두 가지다. 지극히 현실적인 방법으로 현실에 충실하게 사는 법이다.

히틀러 시대에 독일 국민이었다면, 히틀러의 주장에 맞추어서 그렇게 사는 것이 가장 현실적인 삶의 방식이고, 자본주의 시대에는 자본주의 논리에 맞게 사는 것이 가장 현실적인 삶의 방식이다.

자기계발서는 바로 이래서 가장 현실적인 이야기를 하고, 현실적으로 살아가는 최적의 가시적인 방법만을 제공한다.

하지만 고전은 지금 당장 우리가 살고 있는 현실과 시대와 환경을 떠나서, 다소 비현실적이지만 인생을 넓게 깊게 다르게 볼 수 있게 해준다는 데 가장 큰 의의가 있다.

자기계발서를 읽고 꿈이었던 벤츠를 타게 되는 것은 자기계발서가 치중하는 부분이 바로 삶의 현실이기 때문이다.

하지만 고전을 읽게 되면 벤츠를 타거나 타워팰리스를 사들이게 되는 것이 아니라 인간답게 사는 법을 고민하게 되고, 인생을 낭비하지 않는 법을 발견하게 된다.

그래서 고전은 좀 더 인생을 길게 넓게 깊게 다르게 보게 해주는 것이다.

현실적으로 그저 잘 먹고 잘살면 그만이다. 하지만 인간의 삶이 고작 그것이 전부일까? 그것이 정말 최고의 인생이고, 인생을 잘 사는 것일까? 남들보다 더 많이 소유하고, 남들보다 더 좋은 집에서 살게 되는 것, 이것이 인생을 제대로 사는 것일까?

고전을 읽어야 하는 이유가 여기에 있다. 현실을 떠나서 살 수는 없지만, 고전을 통해서 현실을 초월해서 올바른 인생에 대한 물음을 던질 수 있고, 또 그렇게 할 수 있는 유일한 마지막 보루가 바로 고전이다.

그래서 현대인들에게 고전을 과거 그 어떤 시대보다도 더 중요하고 더 절실한 책이다.

당신이 고전을 읽어야만 하는 이유가 바로 이것이다.

현실이라는 괴물의 노예가 되지 않도록 예방 주사를 맞게 해주는 것이 바로 고전의 가장 큰 기능일 것이다.

구본형 작가의 말대로 하자면, '눈에 보이지 않는 안내자'의 도움을 받아 인생을 아름답게, 인간답게, 가치 있게 살기 위해서 우리는 고전을 읽어야 한다.

" 독자들의 피와 영혼과 정신의 어느 부분을 건드려 그들 역시 알 수 없는 환상과 내면의 열정 속으로 선동하길 원한다. 그리하여 자신 속에서 위대한 힘을 감지하게 만들고 싶다. 인생을 낭비하는 것을 치욕으로 여기고 자신을 탄생시키지 못하는 불임을 극복하는 사람들이 자기 삶에 책임질 수 있도록 돕고 싶다. 하고 싶은 일이 무엇인지, 할 수 있는 일이 무엇인지 묻지도 않은 채, 든든한 밥그릇 하나 챙겨두는 일에 지나치게 집착하는 이들에게 그 쩨쩨함의 끝을 묻고 싶다." < 구본형, [구본형의 마지막 수업], 12쪽 >

고전을 읽어야 하는 이유는 자신 속에 있는 위대함을 발견하기 위해서다. 든든한 밥그릇 하나 챙겨두는 일에 지나치게 집착하는 쩨쩨한 인생에서 벗어나게 하기 위해서다. 고전은 인생을 소인배에서 대인배로 만들어준다.

 그래서 고전을 가까이하는 사람은 흔들림이 없는 것이다. 하물며 고전을 가까이하는 자들이 인생을 낭비할 수 있을까?

고전의 가장 큰 기능이 인생을 위대하게 살게 해준다고 바로 말할 수 있다. 그래서 고전을 가까이하는 자들은 인생을 낭비하려고 해도 낭비할 수 없게 된다.

 그래서 고전은 가장 가치 있는 책이다.

사람 노릇을 하고 싶다면

1577년 율곡 이이가 집필한 책인 [격몽요결]에 보면 이런 의미심장한 말이 서문에 나온다.

" 사람이 세상에 태어나 사람 노릇을 하자면 '공부(學問)'를 해야 한다. '공부'라고 하는 것은 무슨 남다른, 특별한 어떤 것이 아니다. 일상적 삶에서, 관계와 거래에서, 일을 적절히 처리하는 법을 배우는 것일 뿐이다. 산에서 한 소식을 하거나 세상을 지배하는 힘을 얻자고 하는 일이 아니다. 공부를 안 하면 마음은 잡초로 뒤덮이고, 세상은 캄캄해진다. 그래서 책을 읽고 지식을 찾는다. 지식이 길을 밝혀 줄 것이니 오직 그때라야 정신의 뿌리가 튼튼해지고 활동이 균형을 얻는다."

조선 시대 최고의 천재이자 독서 고수였던 율곡 이이는 사람이 세상에 태어나 사람 노릇을 하고자 한다면, 공부해야 한다고 주장한다. 여기서 공부는 우리가 대학교를 진학하기 위해 중 고등학교 때 하는 공부를 말하는 것이 아니다.

그렇다고 해서 대학교에서 배우는 그런 공부를 의미하는 것도 아니다. 여기서 말하는 공부와 가장 가까운 공부는 바로 '고전 독서'이다.

'고전 독서'를 통해 우리는 인간답게 사는 법을 배울 수 있고, 일상적 삶에서 제대로 일을 처리할 수 있는 지혜를 얻을 수 있다.

고전 독서를 하지 않으면 우리의 마음은 욕심과 집착으로 얼룩지게 되고, 그래서 우리의 삶의 환경은 어두워지고, 우둔해지게 된다. 캄캄해진 세상에서 눈앞의 욕심만 채우면서 하루하루 살아가게 된다는 말이다.

고전 독서를 통해 얻은 지혜가 인생의 길을 밝혀주고, 세속에 물들지 않게 해주는 최후의 보루가 된다는 말이다.

율곡 이이의 말은 지금 우리가 왜 고전을 읽어야만 하는지를 잘 설명해 주는 말로 금상첨화이다.

고전을 읽지 않게 되면, 어제까지 살았던 우리의 단힌 삶의 방식대로 평생 살게 된다. 그래서 자기 삶이 제대로 살고 있는 것인지, 제대로 가고 있는 것인지 도저히 알 수 없게 된다. 그래서 하루하루 어두운 밤길을 등불도 없이 걸어가고 있는 것과 같은 삶을 살게 되는 것이다.

고전은 삶의 등불이 되어 주고, 사람답게 살아가는 방법을 깨우쳐 준다.

그런데 이것이 전부가 아니다. 고전을 읽게 되면 역경과 시련을 이겨내는 방법뿐만 아니라 강인함을 얻게 된다. 이러한 강인함은 육체적인 강인함과 다르다. 내면의 힘이다. 고전을 통해서만 얻을 수 있는 의식과 사고의 확장을 통해 얻을 수 있는 진짜 힘이다.

육체의 힘은 나이가 들수록 사그라지게 되어있다. 그리고 육체의 힘은 사람에 따라 5배 이상의 차이가 나지 않는다. 하지만 내면의 힘은 다르다. 고전을 읽지 않은 사람도 천성적으로 강인한 성격을 가지고 있는 사람이 있겠지만, 고전을 통해 꾸준히 마음을 단련한 사람들은 보통 사람들이 상상도 하지 못하는 엄청난 내면의 힘을 가지고 있다.

그래서 고전을 읽는 사람들은 쉽게 망하거나 흔들리지 않는다. 태산처럼 진중한 사람들이 바로 이런 사람들이다.

새털, 더욱더 가볍게 살아가는 사람들이 되지 않기 위해 우리들은 고전을 읽어야 하는 것이다. 새털, 더욱더 가볍게 살아가는 사람들은 내면에 무게가 없기 때문이다. 그 내면의 무게는 한 마디로, 우리가 순간순간 어떻게 살아가야 할지, 무엇을 선택해야 할지, 어떤 길을 가야 할지에 대한 사색과 고민과 성찰이다.

그런데 자기계발서만 읽은 사람들은 이러한 성찰과 고민이 상대적으로 적을 수밖에 없다. 하지만 고전은 이러한 사색과 고민과 성찰을 가장 많이 할 수 있게 해주는 책이다. 그래서 고전은 고전이다.

벤츠나 BMW를 구매해서 소유주가 되는 것이 꿈이라고 하는 사람이 있다. 그런데 그런 사람들은 고전을 읽어서는 절대 그 꿈을 실현할 수가 없다. 고전은 인생을 제대로, 인간을 인간답게, 삶을 삶답게 만들어주는 책이기 때문이다.

고급 수입차의 소유주가 되는 꿈을 실현하는 것이 정말 인생 최대의 목표이고 꿈이라면, 이 사람의 인생은 더 이상 볼 것이 없다. 그런 인생에서 절대 벗어날 수 없기 때문이다. 물론 가난하게 평생 살아가야 할 사람이 자기계발서를 통해 부요하고 풍요롭게 살게 되었다면, 그것은 또 다른 하나의 성장이고 변화다.

그래서 자기계발서는 나름대로 좋은 책이고, 훌륭한 책이다. 하지만 여기까지다. 자기계발서와 고전이 차이가 나온 부분은 바로 이 지점이다. 자기계발서는 절대로 고전을 넘어설 수 없다.

고전이 깊이가 있다는 이유가 바로 이런 것들이다. 인생을 좀 더 다르게 볼 수 있게 해주기 때문이다.

자기계발서와 고전은 다르다.

 앞에서도 언급했지만, 자기계발서와 고전은 다른 책이다. 하나는 방법을 제시한 해답서라면, 하나는 문제만 출제되어 있는 '문제서 '이기도 하다.

하지만 이것은 표현의 측면만 보아서 그렇다. 내용을 보면 더 큰 차이점이 있다. 내용적인 측면에서 하나는 꿈과 목표에 관한 내용이고 또 다른 하나는 인간과 세상에 관한 내용이다.

 더 큰 차이는 하나는 매우 현실적인 내용이고, 또 다른 하나는 비현실적인 내용의 책이라는 점이다.

 자기계발서는 꿈과 목표를 성취할 수 있는 가장 현실적인 방법을 제시해 주는 책이다. 그래서 그 꿈이 부와 성공, 행복한 삶이라면 그것을 성취할 수 있는 가장 최단 거리를 알려준다. 그래서 자기계발서를 읽으면, 심각하게 고민하거나 성찰하거나 사색할 필요가 없다. 그저 이해만 하고 실천을 하면 된다.

 하지만 고전은 다르다.

고전은 꿈과 목표를 성취하라고도 말하지 않고, 꿈과 목표를 성취하는 방법에 대해서도 제시해 주지 않는다. 다만 고전은 인간과 세상과 자기 자신에 대한 성찰과 통찰을 할 수 있도록 해준다. 다시 말해 고전은 성찰과 통찰을 위한 책이다.

 그런 점에서 자기계발서는 꿈과 목표를 성취하기 위해 자기 자신을 변화시키는 방법을 제시해 주는 책이라고 한다면, 고전은 인간과 세상에서 인간이란 존재, 자기 자신이라는 존재가 무엇이고, 삶이 무엇이고, 그 삶을 어떻게 하루하루 살아가야 하는지 고민을 하도록 하고 사색을 하도록 하고, 통찰하도록 해주는 책이라고 할 수 있다.

 사마천의 [사기]의 <화식열전>에 보면 이런 말이 나온다.

" 무릇 보통 사람들은 자기보다 열 배 부자에 대해서는 헐뜯고, 백 배가 되면 두려워하고, 천 배가 되면 그 사람의 일을 해주고, 만 배가 되면 그의 노예가 된다. 이것이 사물의 이치다."

 자. 자기계발서는 부자가 되는 법, 직장생활에서 성공하는 법, 공부 잘 해서 좋은 직장 얻는 법, 주식 하는 법, 인간관계를 잘 맺는 법, 행복하게 사는 법, 자신감을 얻는 법, 등과 같은 것을 제시해 주는 책이다. 하지만 고전은 위의 내용처럼 인간이 무엇이고, 어떻게 반응하고, 세상의 이치가 무엇인지를 통찰하고 성찰하고 깨닫게 해준다.

 위의 문장을 보면, 재물과 인간에 대한 이치를 깨달을 수 있게 된다.

 ' 아! 인간은 정말 우스꽝스러운 존재구나. 부자면 부자가 아니라, 자기 자신보다 얼마나 많은 돈을 가지고 있느냐에 따라서, 대접하는 것, 대우하는 것, 태도와 행동, 생각이 달라지니까 말이다.

아! 돈, 자본, 물질에 대해서, 인간에 대해서 다시 한번 더 이전의 우물 안 개구리 같은 작은 식견과 다르게, 좀 더 넓게, 깊게, 널리 살펴봐야겠구나. 자기보다 열 배 부자에게는 욕을 하고, 백 배 부자는 무서워하고, 천 배 부자는 기꺼이 일을 해주고, 만 배 부자에게는 자발적으로 노예가 된다면, 인간이란 동물이 정말 웃긴 동물이 아니고 무엇일까?

 나는 그렇다면 어떤 사람이 되어야 할까? 왜 사람들은 저런 행동을 취한다고 사마천은 말한 것일까?

 모든 사람들이 저 기준에 맞게 행동하고 생각하는 것일까? 우리 선조 최영 장군은 평생 황금을 보기를 돌과 같이 여기신 분인데, 그 분은 저렇게 행동하지 않았을 것이 분명한데 말이야. 그렇다면 나는 어떤 삶을 살아야 하는 것일까? 재물에 대해 어떤 정의를 내려야 하고, 어떤 태도로 일관된 삶을 살아야 하는 것일까? 좀 더 고민해 보자. '

 고전의 위대함은 정답을 제시해 주지 않는 다는 데

있다. 자기계발서는 이런 고민을 하게 하는 책이 아니다. 하지만 고전은 바로 이런 고민과 사색을 하도록 해 준다. 여기에 고전의 위대함이 깃들어 있는 것이다.

한 마디로 고전은 인간답게 살기 위해서, 제대로 세상과 인간과 사물을 바라볼 수 있기 위해서 반드시 읽어야 하는 책이다.

사마천의 [사기]에 보면, <화식열전>에 이런 이야기가 나온다.

" 세상을 가장 잘 다스리는 정치의 방법은 자연스러움을 따르는 것이고, 그다음은 이익을 이용하여 이끄는 것이며, 그다음은 가르쳐 깨우치는 것이고, 그다음은 백성을 가지런히 바로잡는 것이고, 가장 못난 정치는 백성들과 다투는 것이다."

고전은 세상과 인간을 통찰하고 성찰할 수 있게 해 준다. 하지만 자기계발서는 백성을 가지런히 바로잡는 방법에 대해서 제시해 준다.

바로 이것이 가장 큰 차이점이다.

똑같이 기업에 관해서 이야기한다고 하자. 자기계발서는 기업을 잘 경영하고 직원들을 잘 상대하는 방법에 관해서 이야기한다. 하지만 고전은 기업이라는 것을 통해 세상과 인간을 통찰하고, 이치와 원리를 깨달을 수 있게, 인간과 기업의 본질에 접근할 수 있게 도움이 되는 이야기를 한다.

다시 말해, [논어] [사기] [손자병법] [격몽요결] [징비록]과 동양의 고전과 [국가론] [자본론] [군주론] 등과 같은 서양의 고전을 읽으면 벤츠 사는 방법, 꿈과 목표를 설정하는 방법, 꿈과 목표를 실현하는 방법, 행복하게 사는 현실적인 방법에 대한 제시나 해답이 없다.

하지만 인생과 세상에 대해 통찰하고 성찰할 수 있게 해주고, 어떻게 하루하루 살아가야 할 것인가에 대해 깨닫게 해준다. 인생이 무엇이고, 인간이 무엇이고, 어떻게 살아야 하는 것인지에 대해 알게 해주고, 도움을 준다.

하지만 자기계발서는 다르다.

[어떤 사람이 최고의 자리에 오르는가?] [세계 최고의 인재들은 왜 기본에 집중할까] 등과 같은 성공학, 화술, 협상, 회의 진행, 인간관계, 처세술, 삶의 자세, 창조적 사고, 기획, 보고 등과 같은 주제들을 담고 있다.

얼핏 보면 고전과 다를 바 없는 주제도 있다. 하지만 내용은 전혀 다르다. 방향이 달라서 비슷한 이야기를 해도, 결과는 다르다.

자기계발서의 방향은 꿈과 목표를 이루고, 좀 더 성공하고, 좀 더 행복하게 살고, 좀 더 잘 사는 것이다.

고전의 방향은 그것이 아니다. 조금 더 못 살고, 조금 더 덜 행복해도, 조금 더 덜 성공해도, 어떻게 사는 것이 인간답게 사는 것인가에 대해 고민하고 성찰하게 해주는 것이다.

결국 고전과 자기계발서는 추구하는 방향이 달라서 질과 격이 다를 수밖에 없다. 그렇다고 무조건 고전은 수준 높고, 자기계발서는 형편없는 책이라고 말해서는 안 된다. 방향과 목표가 다를 뿐, 책은 책이다. 이것이 필자의 결론이다.

 인간에게는 몸과 마음이 있듯, 동전도 양면이 있듯, 우리에게 필요한 책도 두 가지 성격으로 크게 나누어야 한다. 낮과 밤이 있고, 삶과 죽음이 있고, 남자와 여자가 있듯이, 책도 크게 두 종류로 나눌 뿐이다.

 그래서 필자가 추천하는 독서법은 수직과 수평 독서법이다.

 자기계발서만 읽는 독자는 고전도 읽기를 추천한다. 그래야 방향과 속도가 균형을 이루게 된다. 이와 함께 고전만 읽고 자기계발서를 무시하는 독자가 있다면, 이제부터라도 자기계발서도 읽기를 추천한다.

물질적으로 풍요로워져야 당신이 원하는 고전을 더 많이 읽을 수 있고, 인간다운 삶에 대해서 좀 더 많이 성찰하고 통찰할 수 있게 되기 때문이다. 많은 학자가 가난에 찌들어 살다가 좀 더 길게 오래 고전을 공부할 수 있는 기회를 스스로 잃어버리는 경우가 적지 않다.

특히 이 시대에 사는 고전학자들은 더더욱 자기계발서를 통해 조금 더 풍요로운 환경에서 좀 더 오래 길게 고전을 공부하는 것이 이 보 전진을 위한 일보 후퇴가 아닐 까라는 생각도 든다.

결론은 자기계발서와 고전은 다르다는 것이다. 그래서 두 가지 종류의 책이 모두 필요하다는 것이 추가 결론이다.

" 고전이란, 우리가 누구이며 우리가 어디에서 왔는지를 이해할 수 있게 도와준다."

- 이탈로 칼비노-

제2장. 고전, 어떤 고전을 읽을까?

" 인생은 매우 짧고 그중에서도 조용한 시간은 얼마 안 된다. 우리는 그 시간을 가치 없는 책을 읽는 데 낭비하지 말아야 한다."

_ 19세기 영국의 유명한 지식인이자 비평가 존 러스킨.

위대한 질문이 탄생하게 만드는 책을 읽어라.

 인생은 매우 짧다. 당신이 생각하는 것보다 훨씬 더 짧다. 그래서 당신이 고전을 읽어야 한다. 고전만큼 당신과 당신의 삶에 큰 영향을 주고, 도움을 주는 책은 없기 때문이다. 고전도 매우 종류가 많다.

 그렇다면 어떤 고전을 읽어야 하는 것일까?

 당신에게 위대한 질문을 끊임없이 하게 만드는 그런 고전을 읽어야 한다. 물론 모든 고전은 위대한 질문을 하도록 이끈다. 하지만 그중에서도 당신에게 가장 많은 질문을 하게 해주는 책이 있다.

 그런 책을 만나게 되면 도서관 열람실에서 그 책을 껴안고 춤을 추게 될지도 모른다. 그 기쁨이 이만저만이 아니기 때문이다.

 최악의 책은 당신이 읽었음에도 아무런 감흥도, 의문도, 질문도, 사색도 이끌지 못하는 그런 책이다. 그런 책은 읽으면 시간 낭비다. 그것은 신문이나 뉴스를 보는 것보다 더 나쁜 시간 낭비다.

물론 신문이나 뉴스를 보는 것이 시간 낭비라고 말할 수는 없다. 하지만 필자는 신문이나 뉴스를 보지 않는다. 그 시간에 고전을 읽거나, 일반 도서를 읽는다.

한 가지 분명하게 해야 할 것이 있다. 이 책이 고전 독서법이라고 해서 고전을 무턱대고 높게 평가하고, 일반 서적을 무조건 낮게 평가하는 것은 절대 아니라는 것이다. 필자에게 이런 생각은 없다는 것이다.

필자를 초기에 이끈 것은 일반 도서였다. 진짜다. 일반 도서를 수천 권 읽었기 때문에 의식이 조금이라도 달라지고 확장될 수 있었고, 달라진 의식과 사고력 때문에 고전을 좋아해서 어떤 고전은 수십 번도 더 읽게 되었다.

그러므로 이 책의 의도를 오해해서는 안 된다. 무조건 고전 독서 읽기만을 하라는 것이 아니다. 일반 도서 중에서도 많은 것들을 생각하게 하고, 위대한 질문을 던질 수 있도록 해주는 책이 있다. 하지만 소수에 불과하다는 것과 그 정도가 매우 약하다는 것이다.

결론은 이것이다. 독서를 처음 시작해서 독서한 시간이 3,000시간에서 5,000시간 미만인 사람들은 일반 도서를 주로 읽어야 한다는 것이다. 독서법은 스키 타는 법과 같다. 스키를 잘 타지 못하는 사람들이 무턱대고 남들이 신이 난다고 최상급 코스의 경사가 심한 슬로프에 올라가면 죽는다. 죽을 만큼 고생하면서 내려와야 한다.

아무리 경치가 좋고, 멋진 슬로프라고 해도 자신의 실력이 초급이면 절대로 욕심을 내면 안 된다.

독서도 이와 같아야 한다. 자신의 독서 실력이 초급 수준이라면 고전이라는 최고급 슬로프를 이용할 수 없다는 것이다. 하지만 이것은 시간에 절대적으로 좌우되는 것은 아니다. 자신이 남달리 독서를 잘하는 사람이라면 고전 독서를 빨리 시작할 수도 있다. 하지만 욕심은 절대 금물이다.

아무리 좋은 고전이라도, 자신의 독서 실력에 맞지 않는 책을 읽게 되면 위대한 질문을 던질 수 없다. 그래서 옛날 사람들은 백 번, 천 번, 만 번 반복해서 읽는 방법을 사용했다.

'독서백편의자현(讀書百遍義自見)'이라는 말이 그냥 나온 말이 아니다. 과거에는 거의 대부분 책이 고전이었다. 그래서 지금의 일반서적처럼 답이 있는, 지식과 정보가 있는 책이 아니라, 정답이 없는 책들이었다.

정답이 있다고 해도 많은 생각과 질문을 던진 후에 비로소 그 정답에 접근할 수 있도록 해주는 책이 고전이었다.

자. 결론을 내리자. 당신이 읽어야 하는 고전은 당신에게 위대한 질문을 던질 수 있게 해주는 책이다.

많이 생각하게 하는 책을 읽어라.

독서의 참된 정의는 읽기가 아니라 생각하기이다. 이것이 필자의 지론이다. 그래서 필자는 생각하기가 빠진 빨리 읽기 방법인 속독법을 독서법이 아니라고 감히 주장하는 것이다.

 독서는 사고력을 향상하기 위해 하는 것이고, 그것이 또한 독서의 정의다. 마음속에 반드시 새겨야 할 것 같다. 독서에 대한 정의가 잘못되면 독서를 아무리 많이 해도 인생이 달라지지 않기 때문이다.

 많이 생각하게 하는 책은 그 어떤 보물보다 더 귀하다. 바로 그런 책을 읽어야 한다.

 칸트는 [프롤레고메나]에서 형이상학은 이성을 위한 하나의 도야가 될 수 있다고 말한 적이 있다. 그리고 그는 도야 된 인간의 이성은 인류 공동체에 훌륭한 보호막이 되어 줄 수 있다고 말했다.

의식을 확장하는 책을 읽어라.

어떤 책을 읽느냐 하는 문제는 어떻게 읽을 것인가 보다 더 중요하다. 아무리 좋은 방법으로 책을 읽을 수 있다고 해도 결국 사람을 변화시키는 것은 읽은 책의 질에 달려있다.

양이 질보다 중요하다고 말하는 이유는 수천 권의 책을 능가하는 단 한 권의 책은 없기 때문이다. 만약에 있다고 해도 그런 책을 당신이 발견하기란 쉽지 않다. 또한 남들에게 좋다고 평가를 받는 책이라고 해서 당신에게 최고의 책이 될 수 있는 것은 아니기 때문이다.

이러한 여러 가지 이유를 종합해 볼 때, 당신은 다음과 같은 책들을 먼저 읽어야 할 필요가 있다.

가장 먼저 당신의 의식을 확장하는 그런 책을 읽어야 한다. 의식이 달라지고 확장이 되면 세상이 달라지기 때문이다. 전혀 다른 세상을 만나고 싶다면 의식이 달라지면 된다. 그런데 무조건 책을 읽는다고 해서 의식이 달라지는 것은 절대 아니다.

 올바른 방법으로 책을 읽어야하고, 무엇보다 의식이 달라질 수 있는 책을 읽어야 한다.

 그렇다면 의식이 달라지는 책은 어떤 책인가?

 가장 정확한 답은 지식을 채우는 책은 아니라는 것이다. 자기 자신의 물통을 채우는 것이 아니라 새로운 것을 만들어내는 것, 새로운 의식을 가지게 하는 것이어야 한다.

 채우기만 하는 것이 아니라 오히려 밖으로 확장해 나가도록 해야 한다. 그런 책이 되기 위해서는 지식만 가득 들어있는 것이 아니라 질문을 던지게 하고, 자극을 주게 하고, 가렵게 하는 것을 뛰어넘어, 뒤통수를 얻어맞은 것처럼 정신이 드는 그런 내용을 담고 있어야 한다.

 이런 책을 발견하게 되면 그리고 읽게 되면 세상을 다 가진 것과 같은 느낌이 든다. 그래서 의식이 어제의 자신보다 조금이라도 책을 통해 달라진 사람들은 로또에 당첨된 사람들조차도 부럽지 않다.

괸 물이 깊지 않으면 큰 배를 띄울 힘이 없다고 장자는 말한 적이 있다. 이와 마찬가지로 읽은 책의 내용이 심오하지 않으면 의식을 확장할 수 없다. 그래서 잡지나 신문이나 뉴스를 아무리 봐도 의식이 확장되지 않는 것이다.

바로 이런 이유에서 고전을 읽는 것이 매우 중요한 것이다. 그렇다고 고전이라고 해서 모든 고전이 당신에게 의식의 확장을 가져다주는 것은 아니다.

의식을 확장해 줄 수 있는 그런 책은 반드시 몸으로 읽고 삶이 바뀌게 해줄 수 있는 책이어야 한다.

무엇보다 그런 책은 자신이 한 번도 생각해 보지 못했던 사실에 대해서 깨닫게 해주는 놀라운 통찰력으로 가득 차 있는 책일 것이다.

[변신]의 작가인 프란츠 카프카는 다음과 같이 말

한 적이 있다.

" 한 권의 책은 우리들 내면의 얼어붙은 바다를 깨는 도끼여야 한다."

의식을 확장하게 시켜주는 책은 바로 이런 책이다. 우리 내면의 얼어붙은 바다를 깨는 도끼와 같은 책 말이다.

백 번이라도 더 강조하고 반복하고 싶은 말이 바로 이 말이다. 자신의 의식을 확장하게 시켜주는 책을 읽어야 한다는 것이다. 의식을 확장하게 시켜주는 책, 즉 자기 내면에 꽁꽁 얼어붙어 있는 작고 좁은 의식을 깨는 그런 도끼와 같은 책들을 읽어야 한다.

필자에게 의식을 확장하게 시켜주었던 책들은 수백 권이 넘는다. 그런 책 중에서도 굉장히 유쾌하게 만들기까지 한 책이 한 권 있다. 바로 프랑스의 작가 볼테르의 풍자 소설인 [캉디드]이다.

프랑스어로 순수함을 뜻하는 '캉디드'란 제목처럼 이 책에는 순수함을 넘어 순진한 주인공이 등장한다. 정말 불쌍하기 짝이 없을 정도로 시련과 고난을 겪는 주인공은 그 경험을 통해 자기 사고의 틀을 깨고 나시 태어닌다.

이 책을 지하철에서 읽으면서 몇 번이나 박장대소를 할 수밖에 없었다. 하지만 박장대소를 한다는 것은 의식의 틀이 사정없이 깨어졌다는 것을 의미한다.

이 책은 풍자 소설이다. 근대 유럽의 근거 없는 낙관론을 사정없이 풍자했다. 근거 없는 낙관론에 의지하여, 그냥 있지 말고, 자신이 할 수 있는 최선의 것들을 스스로 가꾸어나가야 한다는 것을 이 책은 말해 준다.

재미있는 사실은 과연 이 책은 낙관주의를 비판하는 책일까? 아니면 비관주의를 옹호하는 책일까? 이 책을 읽으면서 캉디드와 함께 여행을 떠나 보면 작가의 의도를 좀처럼 알 수 없다는 것을 느끼게 된다.

 물론 눈치 빠른 독자들은 알 수도 있겠지만 말이다. 분명한 사실은 근거 없는 낙관주의를 비판하고 있다는 것과 그렇다고 해서 비관주의를 옹호하는 것은 절대 아니라는 사실이다.

 그 당시의 종교를 비판하고자 했던 작가의 의도와 상관없이 필자는 이 책을 통해 의식이 좀 더 많이 확장되었다. 그 이유는 이 책을 통해 내면에 정체되어 있었던 낡은 사고방식을 남김없이 버릴 수 있었기 때문이다.

 이 책을 통해 시련과 역경, 아픔과 고난이 인생을 결정하는 것이 아니라 그보다 더 큰 무엇인가가 있다는 것과 인생은 스스로 개척해 나가며 자신의 밭을 갈아야 한다는 것을 확신하게 되었다.

 단순한 사실임에도 책을 읽고 그 책의 내용을 통해 얻게 된 삶에 대한 지혜와 인생철학은 특별한 가치가 있다. 과거의 작고 좁은 의식을 깨뜨리고, 그

위에 새로운 넓어진 의식을 형성하는 반복적인 독서 행위는 사람을 성장시키고 큰 사람으로 이끌어가는 것이기 때문이다.

세상을 바라보는 창이 되는 책을 읽어라.

 책을 읽는다는 것은 자기 자신을 새롭게 바라보는 눈을 장착하는 것과 같다. 그리고 그 눈은 당신으로 하여금 세상을 바라보는 창이 되어 줄 것이다.

 이 세상에는 많은 사람들이 살아가고 있다. 그래서 살아가는 방법이 각양각색이다. 너무나 다르다. 그래서 책을 읽는 방법도 서로 다른 것이 어쩌면 더 자연스러운 일인지도 모른다.

 문제는 어떤 사람들은 책을 그저 지식이나 정보의 획득 수단으로만 생각하는 경우가 있다는 것이다.

 책을 읽어서 인생이 바뀌는 사람들은 책을 지식이나 정보의 획득 수단으로 생각하지 않는다. 이런 사람들은 책을 세상과 자신을 통찰하는 통찰력을 기르는 수단으로 생각한다. 그래서 읽는 방법도, 읽은 성과도 사람마다 다른 것이다.

플라톤이 말한 동굴의 비유를 잘 알고 있을 것이다.

동굴 안에서만 살아가는 사람들은 절대 동굴 밖을 이해할 수 없다. 그림자를 진짜라고 평생 생각하면서 살아가게 된다. 세상을 내다보는 힘이 필요한 이유는

누군가 추천하는 고전은 먼저 읽지 마라.

 필자가 많이 하는 강의 중의 하나는 필자의 인생을 그대로 잘 반영하는 내용인 '독서로 위대한 인생을 사는 법'이라는 강의이다. 물론 '김병완의 초의식 독서법'에 대해서도 강의를 많이 하는 편이지만, 독서법과 마찬가지로 이 주제도 매우 흥미로운 주제인 것은 틀림이 없다.

 강의 중에 가장 많이 받게 되는 질문 중의 하나는 좋은 책을 한 권 추천해 달라는 질문이다. 물론 평범한 사람들보다는 훨씬 더 많고 다양한 책들을 읽었기 때문에 이런 질문을 받는 것이 어쩌면 당연한 일인지도 모른다.

 하지만 이러한 질문을 받았을 때 필자는 가장 먼저 당혹감을 느낀다. 그래서 이러한 질문이 가장 싫다.

 그 이유는 무엇일까?

 자기 자신에게 가장 유익한 책은 절대 타인이 알

수 없기 때문이다. 어떤 책이든 그 책이 자기 자신에게 유익한 책인지 아닌지를 알기 위해서는 반드시 최소한 몇 장이라도 읽어봐야 한다는 말이다.

책은 매우 주관적이다. 그래서 어떤 책이 이 사람에게 가장 유익하고 좋은 책이라고 해서, 그것만으로 다른 사람에게도 모두 유익하고 좋은 책이라고 할 수 없다.

사람의 의식 수준과 경험과 사고력 등이 사람마다 달라서 읽어야 하는 책도 달라질 수밖에 없다는 것이다.

바로 이런 이유로 필자는 절대 타인에게 책을 추천하지 않는다. 내게 정말 유익하고 재미있고 좋은 책이 타인에게도 그렇다고 반드시 말할 수 없기 때문이다.

나이를 먹었다고 해서 독서 수준이 나이와 비례해서 향상되는 것은 절대 아니다. 그래서 자신이 30대 혹은 40대라고 해도 초등학생 수준의 독서 수준을 가지고 있을지도 모른다.

 특히 독서법을 따로 배워야 한다는 사실조차 모르고 있는 어른이라면 십중팔구 독서 수준은 중학생 수준에도 미치지 못하고 있을 것이다. 그래서 자신이 30대라고 해서 어려운 고전을 무턱대고 읽는 것은 독서를 망치는 지름길이다.

 나이가 많다고 해서 스키를 많이 자주 타보지 않은 어른이 무조건 최상급자 코스에 도전하는 것과 다를 바 없다. 스키 실력이 초급자 수준에도 미치지 못하는 사람이 용기만을 가지고 최상급자 코스에 도전하게 되면 십중팔구 수백 번 넘어지게 되고, 재미도 없고, 무서워서 제대로 스키를 즐기지도 못하게 될 것이 뻔하다.

 심하게 다치지 않은 것만 해도 천만다행일 것이다. 스키는 반드시 자신이 수준에 맞는 슬로프에서 탈 때 가장 재미있고 안전할 뿐만 아니라 실력도 더욱 더 빨리 향상될 수 있다.

책도 이와 다르지 않다. 자신의 수준에 맞는 책을 읽을 때 가장 재미있고 즐거울 뿐만 아니라 독서 효과도 가장 좋다.

바로 이런 이유로 타인에게 책을 추천하는 것이 무척 힘이 들고 어려운 것이며, 특히 누군가가 자신이 읽어서 좋고 유익하다고 해서 무조건 타인에게 추천해서는 안 되는 것이다.

고전 독법의 선택 기준 한 가지

" 20년 후,

당신은 했던 일보다 하지 않았던 일로 인해 실망할 것이다.
돛 줄을 풀어라. 안전한 항구를 떠나 항해하라.
당신의 돛에 무역풍을 가득 담아라.
탐험하라. 꿈꾸라. 발견하라. "

미국의 소설가 마크 트웨인이 남긴 이 명언처럼, 고전 독법의 유일한 선택 기준 한 가지는 당신이 현재 하지 못했던 일들을 할 수 있게 해주느냐 아니냐 하는 것이다.

고전을 읽기 전에는 탐험할 수 없었던 것들을 그 고전을 통해서 간접적으로 탐험하게 되었다면 그 고전은 선택을 잘한 것이다. 그리고 그 고전 독서를 통해 당신은 현실에서도 직접 탐험할 수 있게 될 확률이 매우 높기 때문이다.

고전을 읽기 전에는 꿈꿀 수 없었던 것들을 그 고전 독서를 통해서 간접적으로 먼저 꿈꿀 수 있게 되었다면 고전 선택을 잘한 것이고, 훌륭한 고전 독법으로 독서를 한 것으로 생각하면 거의 맞아떨어진다.

고전을 읽기 전에는 발견해 낼 수 없었던 세상과 인간과 부와 성공의 원리들을 그 고전을 읽고 나서 혹은 읽으면서 조금씩 알게 되고 발견하게 되고 이해하게 되었다면 당신은 고전 선택을 잘했을 뿐만 아니라 고전 독법도 훌륭했다고 말할 수 있다.

고전을 통해 자신의 삶을 바꾸기 위해서는 고전만 훌륭해서는 안 된다. 사실 더 중요한 것은 어떤 책을 읽느냐도 중요하지만, 그것보다 더 중요한 것은 어떻게 읽느냐 하는 것이다.

필자의 경우를 수백 번도 더 반복해서 말하고 강조하지만, 지나치지 않는 이유가 바로 이것이다.

고전이든 자기계발서든 우리에게 중요한 것은 그

책을 대하는 우리의 자세와 독서법이다.

 하지만 책의 선택도 중요하다. 책의 선택과 책의 독법! 이 두 가지가 마치 마차의 양 바퀴와 같은 역할을 한다.

 그래서 아무리 좋은 책을 선택했다고 해도, 독서법이 받쳐 주지 못한다면 밑 빠진 독에 물을 붓기 식으로 다 빠져나간다. 반대로 세상에서 가장 위대한 고전을 선택했다고 해도 독서법이 효과적이지 않다면, 그것 역시 낭패다.

 필자가 이런 사실에 대해서 이렇게 강조하고, 힘 있게 주장할 수 있는 이유는 밑 빠진 독서를 6개월 동안 한 장본인이 바로 필자이기 때문이다.

 글자 하나하나 빠지지 않고, 오직 읽기만 하는 바보가 되어 본 적이 있는 가? 필자가 바로 그런 독서법으로 독서를 한 적이 있다. 그것도 6개월 동안이나 말이다.

밥만 먹고 일도 안 하고 독서만 하루 열 시간에서 열다섯 시간을 하는 데, 그것을 6개월 동안 했다면 과연 얼마나 많은 책들을 읽었을까? 하지만 그것이 다 시간 낭비였다고 과감하게 말할 수 있다.

왜냐하면 지금 필자는 독서법을 연구하고 공부해서 그리고 지식적으로만 아는 단계를 훌쩍 뛰어넘어서 체득하고 피와 살이 되어서 이제는 새로운 독서법을 만들기까지 하는 수준이 되었다.

그래서 4주 만에 평범한 일반인들을 독서 천재로 도약시켜 줄 수 있는 단계에 올라왔다. 이것이 그냥 저절로 어떻게 하다 보니까 된 일일까?

절대 아니다. 세상에 공짜는 없다.

모든 것이 다 이유가 있고, 원리가 있고, 방법이 있다. 공부도, 독서도, 사업도, 인생도 왕도는 없다. 하지만 원리와 방법은 있다. 그것이 바로 인문학에서 이야기하는 삶의 길이고, 자기계발서에서 이야기하는 성공하는 법이다.

부와 성공을 빨리 성취하고 싶다면 자기계발서를 읽어야 한다. 하지만 인생을 제대로 길게 보고 의미와 가치 있는 삶을 살고 싶다면 고전을 읽어야 한다.

 다시 말해, 빨리 가는 직선은 자기계발서이고, 우회도로는 고전이라고 생각할 수 있다.

당신이 자기계발서가 아니라 고전을 읽으려고 했다는 것은 당장 눈앞에 보이는 작은 꿈을 성취하기 위해서가 아니라 인생을 좀 더 크게 넓게 길게 보면서 살아가고 싶었기 때문이다. 그래서 고전 독법을 위해 고전에 대한 당신의 선택 기준은 꿈과 목표, 부와 성공이 아니어야 한다.

 고전 독법의 유일한 선택 기준은 마크 트웨인이 남긴 말처럼, 당신으로 하여금 더 큰 인생을 탐험하게 해주고, 눈에 보이는 작은 목표(벤츠 구매하기, 50평 아파트 구매하기, CEO 되기, 부자 되기) 와 꿈을 꾸는 것이 아니라, 위대한 꿈을 꾸게 해주고, 지금까지 그 어떤 사람도 발견하지 못한 위대한 것들을 발견하게 해주거나, 최소한 이런 것들에 도전할 수 있게 도움을 주는 그런 고전이다.

고전 독법에 있어서 고전의 선택 기준은 타인의 추천, 타인의 시선, 타인이 되어서는 안 된다. 타인의 시선을 의식하게 되면, 그들에게 잘 보이고 싶은 욕망 때문에 벤츠 구매하기, 부자 되기, 좋은 아파트에서 살기, CEO 되기 등이 꿈과 목표가 될 수 있고, 그렇게 되면 고전을 읽기보다는 자기계발서에 치중하게 되고, 고전을 읽더라도 자꾸 그런 식으로 초점이 맞추어져서 고전의 깊고 넓은 맛을 보지 못하게 되고, 수박 겉핥기식 고전 독서를 하게 되는 우를 범하게 된다.

" 다시 말해,
고전은 내가 알고 있는 줄도 몰랐던 사실을 깨닫게 해준다."

- 파디먼 -

제3장. 고전, 어떻게 읽어야 할까?

" 독서에는 반드시 바탕을 먼저 세워야 한다. 무엇을 바탕이라고 하는가. 학문에 뜻을 두지 않으면 독서할 수 없으니, 학문에 뜻을 두려면 반드시 바탕을 세워야 한다. 무엇을 바탕이라고 하는가. 효도와 공경이 바로 그것이다. 모름지기 효도와 공경에 먼저 힘써 바탕을 세운다면 학문은 저절로 몸에 배게 된다. 학문이 몸에 배면 독서는 따로 이야기할 필요가 없다." < 다산 정약용 >

책 속에 자신을 내 던져라.

많은 사람이 책을 읽는다고 하면서, 책과 자기 자신을 이분법으로 나누어 책은 책이고 자신은 자신이라는 생각하고 있다. 하지만 이러한 사고방식은 독서에 대한 잘못된 방법을 낳게 된다.

 그래서 욕심을 내서 남들보다 무조건 더 많이 읽으면 더 좋을 것으로 생각하게 된다. 그래서 남들보다 더 많이 읽는 것, 더 많이 얻는 것, 더 많이 지식과 정보를 쌓는 것에만 집중하게 된다.

 그렇게 되면 결국 독서는 하나의 수단으로 전락할 뿐이다.

 필자의 남다른 독서 경험에 대해서 궁금해하는 사람들이 적지 않다. 특히 독서법 강연하러 갔을 때는 더욱더 관심이 폭발적이다.

 가장 궁금해하는 것들 중의 하나가 어떻게 3년 동안 만 권의 책을 읽을 수가 있느냐? 하는 것이다. 그리고 어떻게 독서해야 그렇게 할 수 있느냐? 하는 방법들에 관한 것이다.

 필자라고 해서 특별한 방법이 있었던 것은 아니다. 하지만 필자가 스스로 3년 동안의 독서 경험에 대해서 생각할수록 놀라운 비밀들이 있었다는 것은 알 수 있었다.

 필자는 5년 전, 즉 직장생활을 할 때에는 절대로 책을 쓸만한 위인이 아니었다. 책을 쓴다는 것을 꿈에서도 상상도 하지 못했다.

하지만 놀라운 세 가지 사실 때문에 상상도 할 수 없었던 책을 쓰는 작가로 도약할 수 있었다. 그 놀라운 세 가지 사실은 공교롭게도 1993년도에 앤더스 에릭손 교수가 천재들에 관해 기념비적인 연구 결과를 발표했을 때, 그 결과와 매우 흡사하다.

 그 세 가지 사실은 다음과 같이 요약할 수 있다.

1. 자신의 한계 수준에 매일 도달하는 제대로 된 연

습 방법.
2. 1만 시간이라는 적지 않은 연습 시간.
3. 집중력을 극대화할 수 있는 의식.

 자신의 한계를 뛰어넘는 신중하게 계획된 연습과 3년, 즉 하루에 열 시간이라고 잡아도 3년이면 1만 시간을 훌쩍 뛰어넘는 연습 시간, 그리고 필자만이 가지고 있었던 조금은 남다른 의식이라는 세 가지 요소이다.

 이 세 가지 요소를 한 마디의 말로 정의하라면, 필자는 다음과 같이 말하고 싶다.

 " 책 속에 자신을 내 던져라."

 많은 사람이 고전을 멀리하는 이유는 고전을 단순히 부와 성공의 수단, 좋은 삶의 수단, 수준 높은 생활의 수단으로 여기기 때문이다. 그래서 힘들 때, 혹은 바쁠 때는 안 읽게 되는 것이다.

 하지만 고전은 그 어떤 것의 수단이 될 수 없다. 고

전은 그 자체로 하나의 목적이어야 한다. 그래서 고전을 읽는 방법도 조금은 달라야 한다. 물론 고전과 고전이 아닌 책으로 굳이 나누고 싶은 마음은 추호도 없다.

 필자 역시 고전을 쓸 수 있는 작가가 아니기 때문이다. 하지만 같은 시간 독서를 하는 두 사람이 있다고 생각해 볼 때, 고전을 읽는 사람과 고전이 아닌 시류에 편승하는 책이나 가벼운 책만을 읽는 사람은 분명히 보이지 않는 차이가 발생할 것이다.

 필자가 말하고 싶은 사실은 고전이든 고전이 아니든 책에 따라 읽는 방법이 달라져야 한다는 것과 책 속에 자신을 온전히 내 던질 수 있어야 한다는 것이다.

 책은 읽을 때 갖는 의식이 중요한 이유가 바로 여기에 있다. 책을, 독서를 부와 성공의 획득, 경쟁에서의 승리를 위한 수단이나 도구로 사용하면 책 속에 자신을 온전히 내 던질 수 없게 되기 때문이다.

책과 하나가 되어라.

필자가 진정으로 독자들에게 바라는 한 가지 독서의 자세는 '책과 하나가 되어라.'라는 것이다. 책을 읽을 때 타인을 비판하기 위해, 혹은 남에게 뒤처지지 않기 위해, 혹은 남들이 다 읽으니까 읽는 경우가 적지 않다. 그런데 이런 경우 책과 오롯이 하나가 될 수 없다.

특히 고전을 읽을 때, 고전과 하나가 되지 못 하면 많은 변화가 일어날 것을 기대할 수 없다. 수박 겉핥기식으로 고전을 읽는 것이 가장 큰 시간 낭비일 수 있기 때문이다.

장자가 꿈을 꾼 후 꿈속의 나비가 자신이 된 것인지, 아니면 자신이 나비 꿈을 꾼 것인지 헷갈릴 정도로 고전을 읽을 때는 고전과 하나가 되어야 한다.

실제로 고전을 탐독한 위인들을 살펴볼 때 필자가 느낄 수 있는 한 가지 사실은 그들 모두 고전과 하나가 되었다는 사실일 것이다.

자! 생각해 보자.

평범했던 필자가 3년 동안 책에 미쳐서 많은 책을 읽었다고 해서 책을 쓸 수 있는 작가가 과연 될 수 있었을까? 그런데 그렇게 되어서 지금은 1년에 적지 않은 책들을 출간해 내는 다작가가 되었다. 그리고 그렇게 되었다는 것은 매우 놀라운 일이 아닐 수 없을 것이다.

그렇다면 그렇게 될 수 있었던 이유는 과연 무엇일까?

그것은 바로 책과 하나가 될 수 있었기 때문이라고 생각한다.

책과 하나가 될 때 독서력은 기하급수적으로 증가하게 된다는 것이 필자의 지론이기 때문이다.

실제로 무엇인가를 할 때 그 대상과 자신이 하나라고 생각하는 의식을 가지고 하는 사람과 그렇지 않고 그저 열심히 하는 사람은 큰 차이가 발생한다.

알래스카 대학의 테리 마하니 교수는 수학에서 낙제생이 된 성적 부진 학생들에게 더 열심히 공부하라고 강요하는 것 대신에 수학과 하나라는 생각을 가지도록 해주었다.

그런데 그 결과 낙제생들이 모두 수학에서 A 학점을 받으면서 엄청난 성과를 창출해 냈다고 한다.

무엇을 할 때 그저 열심히 하는 것과 남다른 의식을 가지고 하는 것이 성과적인 측면에서 큰 차이가 발생한다고 주장하는 과학자들은 적지 않다. 심리학자 개리 맥퍼슨은 영어 공부를 할 때 1년 만 영어 공부를 하자고 하는 그룹과 졸업 할 때까지만 영어 공부를 하자고 하는 그룹, 그리고 마지막으로 평생 영어 공부를 하면서 살아야겠다는 생각을 가진 그룹의 1년 후 영어 성적의 차이를 조사한 적이 있다.

결과는 충격적이었다. 영어 공부를 한 시간과 노력에는 큰 차이가 없다고 할 수 있지만, 1년만 영어 공부를 하자고 생각한 그룹과 평생 영어 공부를 하면서 살려는 마음을 가진 그룹의 성적 차이가 4배나 발생했기 때문이다.

필자가 남다른 성과를 창출하게 되었던 이유가 바로 의식의 차이였다고 바로 말할 수도 있는 근거가 바로 이것이다.

책과 하나가 되어 책을 읽는 사람들이 그저 책을 읽는 사람들보다 훨씬 더 나은 독서 효과를 얻게 되고, 독서력이 4배나 더 향상될 수 있다는 것은 그저 하는 소리가 아니다.

책과 하나가 되어 책을 읽을 때, 당신의 독서력은 4배나 향상될 수 있다. 그러므로 책과 하나가 되어라.

온몸으로 읽어라.

책을 읽을 때 가장 경계해야 할 것이 있다. 그것은 바로 '눈으로만 책을 읽는 습관'이다. 그래서 속독법은 필자가 생각하기에 최악의 독서법 중의 하나일 뿐이다.

빨리, 많이, 눈으로만 읽는 속독법은 우리의 뇌가 마음껏 뛰어놀고 상상하고 사유하고 창조하고 무엇인가를 발명해 낼 수 있는 귀중한 시간을 좀체 주지 않는다. 눈으로 읽고 이해하고 습득하기에 바쁘기 때문이다.

만약에 필자가 3년 동안 속독법으로 책을 읽었다면 과연 지금처럼 많은 책들을 쓸 수 있었을까? 이 질문에 대답은 불을 보듯이 너무나 분명하다. 절대로 그럴 수 없었을 것이다.

지식이나 정보를 많이 습득해서 머릿속에 집어넣는다고 해서 책을 많이 빨리 쓸 수 있는 것은 절대 아니다.

책을 많이 빨리 쓸 수 있는 비결이 있다면, 그것은 얼마나 많은 사유를 했느냐일 것이다. 결국 생각의 결과물들이 책이라고 할 수 있기 때문이다. 그런데 속독법은 천재가 아닌 이상 그렇게 짧은 시간 많은 생각을 할 수 없다는 치명적인 단점이 있는 독서법이다.

이런 독서법과 정반대되는 독서법 중의 하나가 초서 독서법이다.

초서 독서법은 책을 읽는 것이 20%이고 나머지가 80%이다. 그래서 한 마디로 책 한 권을 제대로 읽기 위해서는 시간이 엄청 많이 걸린다는 특징이 있다. 하지만 이것이 단점이 아니라 장점이라는 사실을 아는 사람들은 많지 않다. 그래서 외면되어 온 것인지도 모른다.

필자는 운이 좋게도, 초서 독서법으로 독서하게 되었고, 그 결과 3년 만에 작가로 성장할 수 있게 되었다. 초서 독서법이 이렇게 평범한 사람조차도 비범한 성과를 창출해 낼 수 있는 사람으로 변화시킬 수 있었던 비결은 바로 눈으로만 책을 읽지 않고, 손을 사용하고, 생각하게 하는 독서법이기 때문일 것이다.

 손을 사용하게 되면 전뇌가 잠에서 깨어나게 되고, 그 결과 눈으로만 독서할 때 보다 훨씬 더 좋은 생각들을 하게 된다. 그뿐만이 아니다. 노트에 연필을 들고 쓰기 때문에 집중하게 하는 힘이 훨씬 더 강해진다.

 집중하게 되면, 그냥 책을 읽을 때 열 시간이 걸릴 것도 한 시간이면 된다는 것을 필자는 잘 알고 있다.

 집중을 잘하는 사람들은 업무 성과도 남다르다. 기회는 사실상 모든 사람에게 한두 번은 주어진다. 하지만 집중할 줄 아는 사람만이 그 기회를 볼 수 있고, 붙잡을 수 있는 것이다.

 독서는 누구나 하는 것이다. 양의 차이가 있을 뿐이다. 하지만 그 단 한 가지의 차이인 양을 질로 바꾸는 요소는 얼마나 집중하고 책을 읽느냐 하는 것이다. 사람은 집중을 하면 할수록 자신의 모든 육체적, 정신적 에너지를 한곳에 집결시킬 수 있게 된다. 그렇게 될 때 독서의 효과는 배가 되는 것이다.

집중을 잘하는 사람들일수록 책을 읽을 때 눈으로만 읽지 않는다. 온몸과 정신으로 그야말로 온 힘을 기울여 책을 읽는 것이다. 이렇게 집중해서 책을 읽는 사람은 그 순간이 매우 행복해진다. 그리고 생각이 명료해지고 사고력이 향상되고 통찰력이 생기게 된다. 그래서 속도 위주로 빠르게 눈으로만 책을 읽는 사람들보다 훨씬 더 독서력을 향상하게 되는 것이다.

책과 대화를 나누라.

" 읽지 않고 놓아두는 한 권의 책은 마른 나뭇잎들을 모아 놓은 것에 불과하다. 그러나 우리가 그것을 펴 들고 읽게 되면, 책은 살아 움직이는 거대한 형태를 드러낸다."

장 폴 사르트르의 말이다. 이 말처럼 우리가 고전을 펴 들고 읽게 되면, 그 순간 그 책은 살아 움직이는 거대한 생명체가 된다. 그리고 그렇게 될 때 우리가 반드시 해야 하는 것은 혼자만의 침묵이 아니라 대화이다.

고전 독서법에는 절대로 정답이 없다. 그리고 왕도도 없다. 하지만 고전 독서법에는 다양한 방법이 있고, 다양한 효과들도 있다. 무엇보다 고전을 가까이하는 사람들은 책과 많은 대화를 나누는 사람들이어야 한다. 그리고 그것이 고전을 가까이하는 사람들의 대화법이어야 한다.

고전과 대화를 나누면서 책을 읽는 것은 마치 소크

라테스가 거리에서 대중들과 대화를 통해 지혜를 깨치게 하는 과정과 매우 흡사하다고 생각한다.

 최고의 혁신가였던 스티브 잡스가 자신이 가진 애플의 모든 기술력을 소크라테스와의 한 끼 식사비로 다 내놓겠다고 말한 이유는 그와의 대화를 통해 사고력과 지혜를 향상하기 위해서이다.

 그가 내 건 애플의 슬로건이 ' 남과 다르게 생각하라'라는 것을 볼 때 그가 얼마나 사고력을 중요시했던 인물인지를 알 수 있을 것이다.

 그가 우리에게 알려주는 것은 단 한 가지이다. 그것은 대화는 사람의 사고력과 지혜를 가장 효과적으로 향상할 수 있는 최고의 방법이라는 사실이다.

 독서를 그저 눈으로만 하는 사람들은 절대로 이러한 방법의 엄청난 효과를 깨닫지 못한다. 그래서 계속 눈으로만 독서하게 되는지도 모른다.

 하지만 단 한 번만이라도 독서할 때 책의 저자와

대화를 나누면서 해 본 경험이 있는 사람이라면 그 효과를 체험하고 나서 기절하게 될지도 모른다.

 필자가 그랬다. 책과 대화를 나누면서 책을 읽는다는 것이 어떤 것인지 몰랐을 때는 절대로 그렇게 할 생각도 하지 못했다. 하지만 책과 대화를 나누면서 책을 읽게 되자, 마치 신기를 얻은 것과 같은 느낌마저 들 정도였다.

 책을 사물이라고 생각하는 사람들은 책을 온전하게 읽을 수 없다. 눈에는 책이 그저 종이와 글자로 구성된 생명력이 없는 물건으로 보일 수는 있다. 하지만 책을 제대로 읽을 줄 아는 사람들에게는 책은 더 이상 물건이 아니다.

 책은 살아 숨 쉬고 움직이고 말하는 거대한 생명체이다. 한 권 한 권의 책은 우주를 구성하고 있는 살아있는 생명체와 같은 것이다. 대화를 나누지 않고, 그저 책을 눈으로만 읽는 사람들은 마치 동물원에 가서 죽어 있는 동물들만 보고 오는 것과 다를 바 없다.

우리가 동물원에 가는 이유는 죽어 있는 동물들을 보기 위해서 가는 것이 아니다. 우리가 동물원에 가는 것은 살아 움직이고, 심지어 우리의 행동에 반응하는 살아있는 동물들을 보고, 체험하기 위해 가는 것이다.

 책과 대화를 나누는 것이 어떤 것인지 너무 어렵게 생각하지 말자. 책을 읽으면서 책의 내용에 질문을 하고, 답변하고, 또 다른 질문을 하고, 답변을 하면서 그리고 반대로 책이 던지는 질문에 스스로 답변을 하기도 하면서 책을 읽으면 되는 것이다.

위대한 고전 노트를 작성하라.

" 나는 초등학교 시절 지진아로 교장 선생님으로부터 고전 교육을 받았다, 후일 케임브리지 대학생이 된 나는 노트의 맨 첫 장에 아리스토텔레스를 필사했다. 그때 나는 '플라톤과 아리스토텔레스는 나의 친구이다.'라고 적었다." _ 아이작 뉴튼.

필자는 노트를 가장 좋아한다. 그래서 필자의 서재에는 노트가 많다. 물론 책이 가장 많지만, 노트도 수십 권이 넘는다. 시간이 없을 때는 책 대신 노트만 본다. 노트가 결국 책이기 때문이다. 심지어 노트에는 수많은 책의 핵심과 요약이 들어 있어서 10분만에 10권의 책을 읽은 효과를 얻게 해 준다.

그래서 스스로 작성한 독서 노트가 많을수록 훨씬 더 많은 통찰력을 쉽게 빠르게 정확하게 얻을 수 있게 된다.

천재 중에 노트를 사용하여 천재가 된 사람이 있다. 바로 인류 역사상 최고의 천재라고 평가받고 있는 레오나르도 다 빈치이다. 그는 정말 엄청나다. 양손으로 글씨를 쓸 수도 있고, 그만큼 노트도 남다르게 작성했다.

 필자는 그의 남다른 노트 작성 방법이 그를 천재로 만들었다고 생각한다. 그것도 그가 양손을 다 사용하여 글씨를 쓰고 그림을 그리고 수많은 노트를 작성하면서 천재로 도약하게 되었다고 생각한다.

 아이작 뉴턴이나 아인슈타인이 위대한 과학자가 될 수 있었던 것은 그들이 습득한 지식 때문이 아니다. 그들이 남다른 사고력 때문이다. 그런데 그들의 남다른 사고력은 모두 그들의 남다른 노트 작성에 있었다고 필자는 생각한다.

 노트 작성의 본질은 양이다. 많은 양의 노트를 작성할수록 사고력이 향상된다. 그래서 다산 정약용 선생이 한 말인 '둔필승총(鈍筆勝聰)'은 매우 옳은 말일 것이다.

 '둔한 기록이 총명한 머리보다 낫다'라는 의미

이다. 필자는 이 말을 약간 바꾸어 '둔한 기록이 결국 총명하게 만든다.'라는 말로 바꾸고 싶다.

서툴지만 계속해서 노트하는 사람들은 결국 총명해지고, 천재로 도약하게 된다는 사실에 대해 필자는 누구보다 확신하고 있다. 필자가 바로 이런 경우이기 때문이다. 5년 전에 비해 지금은 정말 많이 총명해졌다고 할 수밖에 없기 때문이다.

물론 천재라거나 총명하다는 의미가 절대 아니다. 5년 전과 노트를 하기 시작한 5년 후를 비교해서 볼 때, 그렇다는 말이다.

5년 전에는 단 한 권의 책도 쓸 수 없었던 사람이었다. 하지만 지금은 한 권의 책을 쓰는 것이 그렇게 힘들거나 어려운 일이 아닌 정도가 되었다는 것이다. 앞에서도 언급했지만, 그 비밀은 필자의 남다른 독서법에 있다.

그 독서법 중의 하나는 초서 독서법이었다. 초서(抄書) 독서법은 '책을 노략질하듯 베껴 쓰기를 통해 자신만의 독서 노트를 작성'하는 독서법이다.

 그렇게 책을 노략질하듯 자신만의 독서 노트를 만들게 되면, 나중에는 원래의 책들보다도 독서 노트가 몇백 배 더 중요한 책이 되어 버린다. 그리고 넓은 의미에서 독서 노트는 바로 이 세상에 단 한 권 존재하는 손으로 직접 쓴 책인 셈이다.

 그래서 더욱더 가치가 있다. 하지만 그러한 가치뿐만 아니라 독서 노트가 더 가치 있는 측면은 독서 노트를 작성하는 사람들의 뇌를 승자의 뇌로 바꾸어 주기에 충분한 효과가 있는 독서 방법이라는 사실이다.

 아일랜드의 인지신경과학자인 이안 로버트슨이 최근에 출간한 책인 [승자의 뇌]라는 책을 보면, 무엇이 승자와 패자를 가르는 것인지에 대해 흥미진진하게 설명해 놓은 것을 알 수 있다. 그가 주장하는 승자의 요인은 작은 승리를 계속하게 되면 뇌가 그

쾌감과 보상을 기억하고, 결국 승자의 뇌로 바뀌게 된다는 것이다.

그런데 독서 노트를 작성하게 되면 바로 이러한 과정이 수도 없이 반복된다는 사실을 필자는 알게 되었다. 그것도 매일 매일 반복된다. 그래서 3년 정도 매일 책을 읽으면서 독서 노트를 하루에 열 시간에서 열다섯 시간 정도 작성하다 보면 뇌가 완전하게 달라져 버리는 것이 당연하다.

인간의 뇌도 우리 몸의 근육과 똑같은 성질이 있다. 생각해 보라. 매일 3년 동안 하루에 열 시간씩 달리기만 한 사람이 있다면 그 사람은 아무리 못 해도 마라톤을 완주할 정도의 실력가가 되어 있을 것이다.

이것과 하나도 다르지 않다. 3년 동안 매일 독서 노트를 하루에 열 시간 이상 작성하는 사람은 아무리 못 해도 뇌가 엄청나게 달라져 있을 수밖에 없다.

그 이유 중의 하나는 손이 외부에 나온 뇌라는 사

실과도 밀접한 관련이 있다. 세계에서 가장 머리가 좋은 민족들이 어디인가? 바로 한국, 중국, 일본이다. 그 이유는 무엇일까? 어렸을 때부터, 그리고 평생 손가락을 사용하는 젓가락 문화이기 때문이다.

어린이들의 머리를 좋게 하는 가장 좋은 방법은 손을 사용하는 악기 연주를 하게 하는 것이다. 이 모든 것들이 바로 손이 외부에 나온 뇌라는 사실을 뒷받침하는 근거가 된다. 실제로 뇌과학이 발달하면서 손이 뇌와 가장 밀접한 관련이 있는 외부의 장기라는 사실이 밝혀지기도 했다.

바로 이러한 사실들을 토대로 볼 때, 손을 사용해서 독서 노트를 만들면서 독서를 하는 사람들은 절대 뇌가 영향을 받지 않을 수 없게 된다는 것이 필자의 지론이다.

다산 정약용 선생은 40세부터 58세까지 유배지에서 500여 권의 책을 저술할 만큼 놀라운 성과를 창출해 내신 독서와 저술의 대가였다. 그가 자녀들에게 강조하고 또 강조한 독서법이 바로 초서 독서법이었다.

 특히 다산 선생은 초서 독서법으로 독서할 때 훨씬 더 빨라지고, 더 깊어진다는 사실을 강조하기도 했다.

 초서 독서법으로 독서를 하면 백 권의 책도 열흘 만에 다 독파할 수 있다고 말했다. 모택동은 '붓을 움직이지 않는 독서는 독서가 아니다'라는 말을 할 정도로 독서 노트를 작성하는 것을 독서의 가장 중요한 핵심이라고 생각하기도 했다.

세 번 읽고 세 번 익혀라.

세종대왕의 독서법은 한 마디로 '백독백습(百讀百習)'이었다. 백 번 반복해서 읽고 백 번 익힌다는 말이다. 세종대왕은 [구소수간]이라는 책을 1,000번도 넘게 읽었고, 수백 번도 더 익혔다.

이렇게 반복해서 읽은 이유는 책이라는 것은 절대로 한두 번 읽어서 온전히 자신의 의식에 체화되지 않기 때문이다. 한두 번 읽었다고 해서 그 책의 내용을 다 알았다고 할 수도 없다.

그런 점에서 고전을 한두 번 정독했다고 해서 '나는 그 책을 다 읽었다'라고 말하는 사람만큼 웃긴 이야기는 없다. 일반서는 한두 번 정독했다면 더 이상 길어 올릴 수 있는 것이 없어서 다 읽었다고 말해도 되지만, 고전은 절대로 그렇지 않다.

고전은 수십 번 혹은 수백 번 읽고 또 읽어야 하는 책이다. 그리고 그렇게 읽어야 고전을 제대로 이해할 수 있다. 그런 점에서 고전 읽기에 욕심을 내는 사람은 반드시 실패하게 된다. 마음을 비우고 고전과 하나가 되어야 한다.

 그런 사람만이 고전을 읽고 또 읽을 수 있기 때문이다. 지금 한국 사회에 많은 이들이 속도의 노예가 되고 있다. 심지어 그런 현상이 독서에도 일어나고 있다. 그저 남들보다 더 많이, 더 빨리 읽는 것만 중요시해서, 추천 도서나 권장 도서를 한 번씩만 읽고 만다.

 필자는 여기서 조금 남다른 제안을 하고 싶다.

 여러 책을 한 번씩 읽는 것보다는 한 권의 고전을 여러 번 읽는 것이 훨씬 더 낫다고 말이다. 왜냐하면 우리 선조들의 독서법이 바로 이것이었고, 그만큼 효과적이기 때문이다.

 모든 책은 결국 연결되어 있다. 한 권의 책을 제대로 소화하면 그것이 정신의 피와 살이 되어 자신의 의식을 향상하고 키우게 된다고 생각한다.

과거에는 논어 한 권만 평생 읽으면서 나라를 세우고, 다스리기까지 한 사람이 있었고, 현대에도 삼성의 창업자인 이병철 전 회장은 논어 하나만 읽었다고 해도 지나치지 않을 정도로 논어라는 고전 한 권에 심취했다.

독서의 고수 중의 한 명으로 빼놓을 수 없는 인물이 바로 모택동이다. 그의 독서법은 '삼복사온(三復四溫)' 독서법이다. 세 번 반복해서 읽고 네 번 익힌다는 것이다.

여러 독서 고수의 독서법을 토대로 볼 때, 고전은 반드시 한 번 읽어서는 되는 것이 아님을 알 수 있다. 아무리 천재라도 여러 번 읽어야 하는 책이 바로 고전이다. 많이 반복해서 읽을수록 좋은 책이 고전이다. 그러므로 최소한 세 번 이상은 읽어야 하고, 세 번 이상은 곱씹어 보아야 할 것이다.

독서삼독(讀書三讀)이라는 말도 있는 것처럼, 책은 내용을 읽어야 하고, 저자도 읽어야 하고, 그 책과 저자를 읽고 만나는 자기 자신도 읽어야 한다.

그렇게 하기 위해서는 도저히 한두 번 정독한다고 해서 되는 문제가 아니다.

 최소 세 번 이상 읽고, 세 번 이상 곱씹어 봐야 한다. 고전 읽기의 정석이라고 필자가 생각하는 독서법이 바로 '삼독삼습(三讀三習)'인 것이다.

고전 일기를 매일 쓰라.

일본에는 매일 한 권의 책을 읽고 그 결과에 대해 인터넷에 올리는 사람이 있다. 물론 한국에도 매일 한 권의 책을 읽고 서평을 올리는 사람들이 심심찮게 있다.

필자는 고전 독서를 할 때 이런 방법을 사용하라고 권해주고 싶다. 매일 고전 독서를 한 것에 대해 고전 일기를 쓰는 것이다.

보통 일기는 자신만의 일상사에 대해서 자유롭게 자신의 기분이나 생각이나 느낌 등을 쓰는 자유 문이다.

고전 일기도 이와 같다. 자유롭게 매일 쓰면 된다. 다만 고전 독서에 관한 이야기가 자유롭게 추가가 되면 되는 것이다.

처음부터 너무 잘하려고 하면 시작도 할 수 없게 된다. 그래서 처음에는 쉽게 간편하게 서툴지만, 시작한 것에 만족해야 한다.

그렇게 하는 사람이 결국에는 나중에 프로페셔널이 되어 있는 것이다. 양이 질을 이긴다는 말이 여기에도 적용이 된다고 할 수 있을 것이다.

고전 독서 노트를 작성하는 것과 매일 고전 일기를 쓰는 것은 고전 독서를 좀 더 심층적으로 확장하기 위한 하나의 방법이다.

한국 사람들은 정말 사고력이 매우 취약하다. 정말 위급한 상황이 아니면 생각을 좀처럼 하려고 하지 않는다. 이러한 기질을 가지고 있는 한국인들에게 들려주고 싶은 말이 있다. 바로 조지 버나드 쇼의 말이다.

" 대부분의 사람들은 1년에 한두 번 정도 생각한다. 내가 세계적으로 유명한 사람이 될 수 있었던 것은 일주일에 한두 번 생각했기 때문이다."

생각을 잘하는 사람이 결국 성공할 수밖에 없다.

독서를 많이 한 사람들이 성공하고 위인이 되는 이유도 바로 이것이다. 독서는 결국 사고력을 향상하게 시켜 주는 수단이다.

그런데 속도의 노예가 되어, 그저 많이 빨리 읽으려고만 하는 사람들은 아무리 많은 독서를 해도 사고력이 향상되지 않는다. 독서 노트를 작성하면서 책과 하나가 되어 읽었다고 해도 그것으로 충분하다고 할 수 없다.

그래서 잠자기 전에 고전 독서 일기를 다시 한번 쓰면서, 하루 동안 고전을 읽었던 것을 토대로 하여 사고하는 훈련을 하라는 것이다.

고전 일기를 쓰기 위해서 반드시 사고해야 하기 때문이다. 처음에는 졸렬할지도 모른다. 하지만 첫술에 배부를 리는 없다. 그래서 욕심이 많은 사람들은 절대로 고전을 읽을 수 없다.

고전을 제대로 읽기 위해서는 먼저 마음의 욕심을 비울 수 있어야 한다. 그 자체로만 해도 고전 읽기의 효과가 나타나는 것이라고 필자는 생각한다.

 하지만 읽기만 하면 절대로 효과가 없다. 마치 눈으로 풍경을 감상만 하고 지나치는 것과 하나도 다를 바 없기 때문이다.

 '독학기사(讀學記思)'라는 말을 본 적이 있다.

이 말을 좀 더 의미를 포괄적으로 확장해 보면 이런 것이다. '책을 읽고, 무엇인가를 배우고, 새롭게 배우고 깨우친 것을 초서하고, 새로운 생각과 의식으로 확장하라'는 것이다.

 고전을 아무리 많이 읽어도 방법이 효과적이지 못하다면 낭패를 볼 수 있다. 평생 고전을 누구보다도 더 많이 읽었지만, 변화와 성장이 상대적으로 적게 되었다면 그 사람의 인생은 고전을 읽은 보람이나 가치를 찾기 힘들게 될 것이다.

 효과적인 고전 독서법은 눈으로만 읽고, 지식과 정보를 수용하는 것이 아니라 반드시 무엇인가를 배우고 깨우쳐야 하고, 그러한 것들을 손으로 초서를 해야 하고, 나아가서 생각과 의식이 확장되게 하는 독서법이다.

그렇게 하기 위해 눈으로만 읽고 끝내는 독서가 아니라 반드시 고전을 읽었다면 그 읽은 고전에 대해 필기하는 독서여야 한다. 그 일환의 하나가 바로 고전 일기이다.

필자는 '김병완의 초의식 독서법'이란 책을 통해 초보자들도 쉽게 따라 할 수 있는 독서 노트 작성법인 BTMS 독서법을 자세하게 소개한 적이 있다.

물론 독서법에는 정답이 없다. 하지만 좀 더 효과적인 방법은 무궁무진하다. 필자가 발견한 최고의 효과적인 독서법은 손을 사용하여 독서하는 것이었다.

고전을 통으로 읽고 꿰뚫어 보고 먹어라.

 고전을 읽을 때 책에 말을 걸면서 책과 대화를 하는 방법에 대해서 앞에서 언급했다. 하지만 고전을 먹으라는 것에 대해서는 말을 한 적이 없었을 것이다.

 고전을 읽을 때, 고전을 삼키고, 먹으라고 말하고 싶다. 고전은 인류가 남겨놓은 인간 정신의 최고 음식이기 때문이다. 그것을 그저 맛만 본다면 아무것도 얻을 수도 없고, 피와 살도 되지 않기 때문이다.

 고전을 완전하게 삼키고 먹어야 한다. 모택동은 소가 풀을 게걸스럽게 먹어 치우듯, 그렇게 독서했다고 한다.

 도서관에 가보면 책을 게걸스럽게 탐독하는 사람들이 적지 않다. 그런 사람들은 이미 독서의 고수가 되어 있는 사람들이다. 고전을 먹어 치워야 한다. 그렇게 하기 위해서는 맛만 보고, 적당히 읽어서는 안 된다.

완전하게 소화하기 위해서 고전을 통째로 삼켜야 한다. 삼킨 후에 속에서 곱씹어야 한다. 그래서 고전을 통으로 읽어야 한다.

고전을 통으로 읽어야 하고, 꿰뚫어 보고, 삼키고, 먹으라고 하는 것은 한 마디로 그 책에 도가 통하라는 말이다.

중국에는 이런 말이 있다.

" 손자천독 달통신 "

이 말의 의미는 매우 간단하다. ' 손자병법을 천 번 읽게 되면, 도가 통하게 된다'라는 말이다. 이 말의 본질은 책을 제대로 완벽하게 읽어서 자신의 것으로 100% 소화하게 되면 그 책의 내용에 정통하게 된다는 말이다.

필자는 이 말을 좀 더 단순하게 요약하기도 한다. ' 책을 읽었다면 반드시 한 문장으로 요약할 수 있어야 한다.'라고 말이다.

가령, 손자병법을 천 번 정도 읽은 사람이라면 반드시 이 책의 핵심 주제를 한마디로 요약해 낼 수 있다. 필자가 독서법 강연하러 갈 때마다 청중들에게 물어보지만, 단 한 사람도 필자가 생각하는 답을 내놓은 사람이 없었다.

손자병법을 제대로 읽은 사람들은 손자병법을 한 문장으로 요약할 수 있다. 그렇다면 어떤 문장으로 요약하는 것이 가장 정답에 가까울까?

손자병법을 만 번이나 읽었다는 사람이 한국에 있다. 그분이 손자병법을 한 글자로 요약한 적이 있다.

그 글자가 바로 '全' 온전할 전자이다. 즉 이 책은 싸움에 대한 책이거나 이기기 위한 책이 아니라 결국은 자신을 지키고 보전하기 위한 책이다.

이 글을 읽고 필자는 무릎을 칠 수밖에 없었다. 만 번이나 읽게 되면 정말 핵심을 통으로 이해할 수 있는 경지에 이르게 되는 것이다.

고전을 통으로 읽고, 꿰뚫어 보고, 삼키고, 먹으라는 말은 다른 말로 하면, '반드시 하나의 문장으로 요약하라'는 말이다. 한 권의 책을 하나의 문장으로 요약하기 위해서는 사람에 따라서는 백 번 이상 읽어야 하기도 하고, 완벽하게 소화해야 하기도 하기 때문이다.

고전을 통으로 읽고 꿰뚫어 보고 먹으라는 말은 나무를 보지 말고 숲을 보라는 말과도 일맥상통한 말이다. 고전은 하나의 숲이다. 숲에서 길을 잃지 않기 위해서는 숲을 먼저 보아야 한다. 그다음에 그 숲에 들어가 마음껏 고전과 하나가 되고, 삼키고 먹어야 한다.

고전과 고전이 싸우게 하라.

 홍대용 선생은 매헌에게 준 글이라는 '담헌서'에 맹자의 독서 비결을 소개한 적이 있다.

 맹자의 독서법은 한 마디로 '이의역지(以意逆志)'의 원칙을 가지고 있다. 자기 뜻으로 저자의 뜻을 거슬러 새로운 것을 구한다는 말이다.

 그런데 고전 독서법의 방법을 맹자의 독서법을 통해 깨닫게 되었다.

 고전과 고전이 서로 싸우게 하여 새로운 이치와 견해와 사상과 의식을 창출해 내는 방법이다. 그래서 고전을 다양하게 섭렵해야 한다. 그래서 초보자들이 하기에는 약간 힘든 독서법임을 먼저 밝혀 둔다.

 하지만 누구나 초보의 시절이 있다면, 반드시 중급자가 되고, 고급자가 될 수 있기도 할 것이다. 평생 독서 초보로 남아 있다는 것은 독서를 게을리하거나 일 년에 열 권의 책도 읽지 않는다는 것을 의미할 뿐이다.

자신이 독서를 많이 하여 어느 정도 독서 초보의 수준을 벗어났다면, 고전과 고전이 싸우게 하는 독서법에 도전해 보는 것도 나쁘지 않다.

이 독서법은 다양한 고전들을 동시에 읽는 방법이다. 가령 독서 초보자는 [논어]라는 책을 한 권 읽기에도 버거울 것이다. 하지만 독서 수준이 중급자 이상인 사람들은 [논어] 한 권을 읽는 것이 그렇게 힘들지 않다.

바로 이 수준이 되었을 때, [논어]와 [도덕경] 혹은 [손자병법]을 동시에 읽는 방법이다. 그렇게 동시에 읽게 되면 좀 더 많은 사고를 짧은 시간 동안 할 수 있게 될 뿐만 아니라 너무나 다른 주제에 대해서 통합적으로, 입체적으로 생각할 수 있게 되기 때문에 굉장히 놀라운 변화가 일어날 수 있게 된다.

일본 작가 중에 한 사람은 열 권의 책을 동시에 읽으라고 주장하기도 한다. 그 이유는 이렇게 열 권의 책을 동시에 읽게 되면 뇌를 자극하고 아이디어가 샘솟게 되기도 하고, 정보를 판단하고 재구성하는 힘도 키우고, 좋은 책을 고르는 안목도 생길 수 있게 되기 때문이라고 한다.

여러 권의 고전을 동시에 읽게 되면, 생각지도 못한 여러 가지 유익한 점이 발생한다. 일단 사고가 매우 활발해진다. 여러 가지 주제의 내용이 입력되기 때문에 사고는 매우 통합적이고 입체적으로 될 수밖에 없다. 여기에 세상을 내다보는 시각이 매우 넓어진다.

독서도 어떤 의미에서는 하나의 놀이이고, 게임이다. 독서를 놀이하듯, 게임하듯 하려고 생각해 보자.

특히 딱딱하고, 어렵게만 느껴지는 고전 독서를 놀이하듯, 게임하듯 할 수 있는 사람이 되어보자.

자! 이렇게 말이다.

공자의 [논어]를 읽을 때, 노자의 [도덕경]이나

장자의 [장자] 등을 함께 읽으면서 서로 주장이 대립하게 하는 것이다.

[논어]를 읽으면 앞부분에 학문하는 즐거움에 대해 다음과 같이 말하고 있음을 알 수 있다.

' 배우고 때로 익히면 또한 기쁘지 아니한가?'

그런데 [도덕경]을 보면 이와 다른 주장이 나온다.

'학문을 끊으니 근심, 걱정이 없어졌다.'

즉 공자는 학문을 하니 기쁘다고 하고, 노자는 반대로 학문을 안 하니 기쁘다고 하는 것이다. 물론 내용을 좀 더 심층적으로 살펴보면 조금 더 깊이 있는 다른 해석도 할 수 있지만, 중국의 양대 사상인 유가와 도가를 한눈에 비교해 보면서 읽게 되면 그 맛이 전혀 달라진다.

노자가 말한 학문은 유교적인 정치와 교화를 하기

위해 배워야 하는 것들을 의미할 수 있고, 결국 인위적으로 세상을 바꾸고 건설해 나가자는 것과 정반대되는 무위 정치를 대변하는 것이다.

독서법에 관해서도 책을 읽을 때, 이런 독서법은 유용하다.

천천히 책을 읽는 기쁨에 관한 책과 빨리 많이 읽는 즐거움에 관한 책을 동시에 읽게 되면 사고가 편중되지 않을 수 있고, 통합적인 사고력을 갖출 수 있게 된다.

한국인들은 학교에 다니면서 주관식보다는 객관식에 더 익숙해져 있어서 사고가 매우 편중되는 경향이 있다. 즉 수평적인 사고를 하는 데 익숙해져 있다. 그래서 1번부터 4번까지 중에 반드시 정답이 있다고 생각한다.

하지만 세상은 그렇지 않다. 1번부터 4번까지 정답이 있는 경우는 드물다. 오히려 1번도 아니고, 4번도 아니고, 1.5번 일 수도 있고, 뒤집어야 할 수도 있고, 거꾸로 보아야 할 수도 있다.

창조성이란 바로 이러한 수평적인 사고방식에서 벗어나야만 발휘될 수 있는 것이다. 하지만 한국의 교육은 12년 동안 수평적인 사고에 익숙하여지게 만들어 버리는 것이다. 그래서 지식 습득은 잘 하지만 습득한 지식을 통합하고 연결하여 새로운 무엇인가를 창조해 내고 발명해 내는 것에는 한국인들이 약한 것이다.

칼이 칼을 날카롭게 하듯, 위대한 사상의 정수인 고전이 고전을 더욱더 위대하게 만들 것이다. 그래서 고전과 고전을 동시에 읽는 고수들의 독서법에 도전해 보는 것도 나쁘지 않다.

절대 조급해 하지 마라.

고전을 제대로 읽고 삶이 변화되기 위해서 고전을 읽는 사람들이 반드시 본받아야 할 인물이 있다면 단언컨대 가장 위대한 철학자 중에 한 면인 독일의 계몽주의 사상가 '임마누엘 칸트Immanuel Kant'라고 말할 것이다.

 칸트의 사상에 대해서 말하고자 하는 것이 아니다. 칸트의 삶의 자세와 태도에 대해서 말하고자 하는 것이다.

서양철학의 새로운 시대를 연 칸트가 그렇게 할 수 있었던 것은 절대 조급해 하지 않을 수 있었기 때문이다. 조급함을 가지고 있는 사람들은 절대 이러한 일을 해 낼 수 없기 때문이다.

 성격이 급한 사람은 절대 고전 읽기에 성공할 수 없다. 고전 읽기는 칸트가 평생 살면서 지키고자 했던 원칙을 지킬 줄 아는 사람만이 성공할 수 있다.

칸트는 22세라는 젊은 나이에 평생 학자의 길을 갈 것을 결심했다. 그리고 나서 그는 자신의 결심대로 무명과 가난이라는 어려운 시련을 극복해 내면서 위대한 학자가 되었다.

그는 가난 때문에 24세부터 7년 동안 시골의 귀족들 집에 살면서 아이들을 가르쳐야 했다. 그렇게 힘든 삶을 살면서도 꾸준히 학자로서의 삶을 포기 하지 않고 독학을 해 나갔던 것이다.

그는 조급해 하지 않고 7년이라는 세월 동안 꾸준히 공부를 병행해 나갔기 때문에 서른두 살에는 훌륭한 논문을 발표할 수 있게 되었다. 그 덕분에 그는 쾨니히스베르크 대학교에서 사강사(私講師)로 생활할 수 있게 되었다.

사강사는 학생들에게 공부를 가르치면서 동시에 좀 더 많이 공부할 수 있는 자리이긴 했지만, 지금의 시간강사처럼 박봉이었다. 그래서 책 한 권도 마음 놓고 사들일 수 없을 정도였다. 하지만 칸트는 박봉에 연연하지 않았다.

다만 좀 더 많은 연구와 공부를 하기 위해 교수가 되고자 했지만 두 번이나 거절당했다. 즉 우리가 알고 있는 위대한 철학자 칸트는 15년 동안 지금의 시간 강사와 비슷했던 사강사로 가난과 무명을 견디어 내면서 학자의 길을 묵묵히 조급해 하지 않고 걸어 나갔던 것이다.

마흔 세 살부터 그는 도서관에서 책을 정리하고 빌려 주는 사서로도 일했다. 사강사보다는 조금 더 돈이 많고, 무엇보다 책을 마음껏 읽을 수 있었기 때문일 것이다.

칸트는 40대 후반이 되어서야 비로소 논리학과 형이상학 분야의 교수가 될 수 있었다. 그 때부터 그는 좀 더 본격적으로 학자의 길을 걸어 나갈 수 있게 되었다. 하지만 그는 절대 조급해하거나 초조해하지 않았다.

오히려 그의 학자로서의 삶은 10년 후인 50대 후반부터 본격적으로 나타나기 시작했다고 말 할 수 있다. 1781년부터 10년에 걸쳐서 그는 [순수 이성 비판] [실천 이성 비판] [판단력 비판]을 차례대로 세상에 내 놓았기 때문이다.

철학사에서 그처럼 더디게 오래 천천히 성장하고 발전하면서 늦게 빛을 본 사람도 없었을 것이고, 그처럼 강력하게 철학사에 큰 폭풍을 불러일으킨 대철학자도 없었다.

대기만성(大器晩成)이란 말이 칸트의 삶을 한마디로 표현하는 말일지도 모른다. 모름지기 고전 읽기는 이렇게 해야 한다. 너무 빨리, 너무 쉽게, 너무 편하게 고전을 읽으려고 하는 사람들은 마음을 비워야 한다.

고전 읽기는 어느 정도 도를 닦듯이 그렇게 한 발 한 발씩 해 나가야 하는 것이다. 무엇보다 절대 조급해해서는 안 된다는 것이다.

'나는 철학을 가르치지 않는다. 나는 철학 하는 것을 가르칠 뿐이다.'
칸트의 이 말처럼 우리의 고전 읽기도 고전 읽기부

터 시작해서는 안 된다. 고전을 읽는 법을 배우는 데서부터 시작해야 할 것이다. 그렇게 하기 위해서는 시간이 필요하고, 인내가 필요하다. 절대 조급하게 생각해서는 안 되는 이유가 바로 이것이다.

 독서를 하기 전에 독서하는 법을 먼저 배우는 사람이 가장 현명한 자들이다. 물론 독서를 통해 독서하는 법을 배우는 사람도 있지만, 그 둘 사이의 틈새는 생각보다 크다. 천재 괴테가 80년 동안 배워도 완벽해질 수 없을 만큼 크다.

철학자처럼 읽어라. 특히 칸트처럼.

 한 마디로 고전을 읽고자 하는 사람은 철학자처럼 고전을 읽어야 한다. 그리고 그렇게 하기 위해서 필자가 제안하는 최고의 방법은 자신이 스스로 철학자가 되는 것이다.

 철학을 가르치는 사람은 있어도 진정한 철학자가 없다는 말이 있을 정도로 현대에는 철학자들을 찾아볼 수 없다. 물론 위대한 철학자는 아니더라도 어느 정도의 철학자들은 실제로 적지 않게 존재하고 있을 것이다. 그럼에도 철학자를 찾아보기 힘들다고 말하는 것은 철학의 참된 본질에 어긋난 철학자들을 철학자라고 부르기에 무리가 있기 때문인지도 모른다.

 그래서 헨리 데이비드 소로도 이런 말을 남긴 것이 아닐까? 생각해 본다.

 " 오늘날 철학 교수는 있지만 哲人 철인은 없다. 철인이 되는 것은 그저 정교한 사상을 지니는 것이 아니며 어떤 학파를 세우기 위한 것도 아니다. 예지 叡智를 사랑하며 그 가르침에 따라 소박하고 독립적이면서 너그럽고 진실한 삶을 사는 것이다."

철학(Philosophy)이란 말의 어원을 살펴보면, 철학자에 대한 정의를 쉽게 내릴 수 있다. 철학이란 말은 두 개의 그리스어로 이루어져 있다. 친구라는 뜻의 필로스(Philos)와 지식 혹은 지혜라는 뜻의 소피아(Sophia)가 합쳐진 말이 철학이란 말이다.

다시 말해, 철학이란 지식 혹은 지혜와 친구가 되는 것을 의미한다. 그래서 철학자란 다름 아닌 지식이나 지혜를 오랫동안 가까이 하면서 늘 함께하는 사람, 그리고 그것들과 더 가까워지려고 하는 사람이다.

고전을 읽는 사람들은 철학자처럼 고전을 늘 가까이하고 오랫동안 고전을 탐구하고 새로운 것을 얻으려고 노력하는 사람이 되어야 한다.

철학자 중에서도 필자는 칸트처럼 책을 읽을 것을

제안해 드리고 싶다. 그 이유는 칸트처럼 깊게 이성에 관해 탐구한 철학자는 흔하지 않기 때문이다.

특히 칸트에게 감명받은 부분은 그의 삶과 그의 순진한 비판 때문이었다.

" 다른 사람의 가르침에 의지하지 말고, 너 자신의 지성을 사용하는 용기를 가져라."

칸트는 그 어떤 것보다도 남들이 앞서 말한 것을 당신이 들었거나 읽었다는 이유만으로 그것이 자신의 것인 양, 당신이 그러한 것들을 아무런 생각도 없이 타인에게 말하는 것을 가장 경계했다. 그러한 행위는 아무 생각 없이 하는 행동일지 몰라도 타인을 속일 뿐만 아니라 자신도 속이는 자기기만 행위에 불과할 수 있기 때문이다.

특히 한국인들은 칸트의 이 말에 귀를 기울여야 할 것이다. 한국인들처럼 지능지수가 높은 민족도 없다. 하지만 타인의 지식과 주장을 너무 쉽게 흡수하고 받아들여서 마치 자기 생각과 견해인 양 동일시

해버리는 그런 무비판적인 지식 흡수에 습관화되어 버렸다.

이것은 한국의 교육 시스템과 주입식 교육의 가장 큰 병폐이다.

무조건 앞뒤 안 가리고 지식과 정보를 그저 많이 이해하고 주입하는 것을 최고의 공부법으로 여기고, 그런 공부법에 길들여 버린 결과, 어른이 되어서도 평생 스스로 생각하지 않고, 누군가가, 특히 자신보다 더 훌륭하다고 세상이 평가한 인물들의 주장과 견해를 그저 비판 없이 받아들이고 수용하여 그런 삶을 따라 살게 되는 것이 한국인들의 삶인 것이다.

그래서 계몽이 필요하고, 그래서 스스로 생각할 수 있는 힘을 기를 수 있는 인문학이 필요하고, 그래서 제대로 된 참된 고전 읽기가 필요한 것이다.

이런 양상을 한 마디로 의식의 부재라고 필자는 생각한다. 의식이 없는 이유는 단 한 가지다. 너무 책을 읽지 않았기 때문이 아니라, 책을 제대로 읽지 못 하기 때문이다.

 책을 제대로 읽는다는 것은 책을 무조건 빨리 많이 읽는 것을 의미하지 않는다. 책을 통해 자신의 의식이 확장되고 향상되는 것을 의미하는 것이다.

 책을 제대로 읽었다면 무조건 누군가가 주장하는 삶의 방식이나 성공 비결을 따라 하지 않을 것이기 때문이다.

 특히 젊은 청춘 중에 책을 많이 제대로 읽지 못한 이들은 의식이 부재한 상태이기 때문에 누군가가 꿈이 최고라고 말하면, 그저 꿈의 노예가 되어 무엇이 될 것인가에 집중해서 살아가게 된다. 하지만 우리 선조들은 그런 꿈의 노예로 살지 않았다. 우리 선조들은 무엇이 될 것인가 보다 어떻게 살 것인가를 더 중요하게 생각했다.

 칸트처럼 고전을 읽는다는 것은 타인의 가르침을 전적으로 받아들이는 것이 아니라 스스로 생각하고 유연하게 자신의 견해를 끊임없이 확장하며 책을 읽는다는 것을 의미한다. 가장 좋은 독서법은 타인의 견해를 무조건 받아들이는 것도 아니고, 무조건 비판하는 것도 아니다.

 작가의 견해와 자신의 견해가 서로 만나 새로운 것을 창출해 내는 것, 새로운 생각, 새로운 견해가 탄생하는 것이다.

실학자처럼 읽어라. 특히 다산처럼.

조선조 최고의 학자, 한국 최대의 실학자, 조선 후기 실학을 집대성했던 다산 정약용은 필자의 정신적 지주이자 스승이다.

책을 통해 필자는 그에게서 배우고 또 배웠다. 평생 배울 것이다. 이것이 바로 고전 독법이다.

오래전 위인들의 삶을 책으로 접하고, 책을 통해 매일 배우고, 가르침을 얻는 것이다. 그래서 고전 독법은 학생이 스승에게 매일 찾아가 가르침을 받고, 그 가르침대로 그 배움대로 집에 와서 실천하고, 사회에 나가서 행동하고, 직장에서 적용하는 것이다.

이것보다 더 나은 고전 독서법이 어디 있을까?

바로 이런 고전 독서법이 결국 조선조 최고의 학자인 정약용이 실천한 실학과 다를 바 없다.

그래서 필자는 독자들에게 말해주고 싶다. 고전은 실학자처럼 읽어야 하는 것이라고 말이다.

다산 정약용은 방대한 글을 남긴 조선조 최고의 학자이며, 삶과 학문이 나누어지지 않았던 위대한 학자였다. 그래서 필자가 존경하고 스승으로 삼는 것이다.

그 당시 정약용을 억압하고, 유배를 보낸 세도가들은 이름도 남아있지 않다. 하지만 정약용은 자자손손 오래도록 이름이 남아 전해지고 있다.

다산은 그의 든든한 지지자였던 정조가 승하하자 마흔의 나이에 정계에서 쫓겨나게 되고, 18년이라는 긴 세월 동안의 유배 생활을 하게 된다.

말이 유배 생활이지 가난과 결핍으로 점철된 혹독한 세월이다. 물리적인 환경보다 더 혹독한 것은 정신적인 환경일 것이다.

시쳇말로 잘 나가다가 그만 망하게 되고, 주 활동

무대인 세상에서 쫓겨나 시골로 귀양을 가게 되면, 더 이상 삶의 희망도, 미련도, 열정도 없게 되는 것이다. 그래서 유배 생활을 시작한 사람들은 3년 안에 생을 마감하는 경우가 많다.

건강하던 사람들이 정년퇴직하게 되면, 갑자기 병이 나고, 심지어 죽는 사람도 있는 경우가 많다. 이것이 바로 심리적인 요인 때문이다. 매일 출근해서 갈 곳이 있고, 자신이 무엇이라도 할 수 있다는 사실이 심리적으로 건강하게 해 주고, 강하게 해 주지만, 정년퇴직하는 순간, 더 이상 자신이 설 자리가 없게 되었다고 생각할 수 있고, 실제로 나이도 적은 나이가 아니기 때문이다.

하지만 모든 것은 심리적인 문제가 가장 크다.

유배지로 귀양을 가게 되면, 사람 대부분은 허송세월하는 것이 자연스러울 정도이다. 건강만 챙겨도 대단한 것이다. 그런데 다산 선생은 달랐다. 놀라울 정도로 달랐다.

그는 마치 유배 생활을 40세부터 18년 동안 하지 않았다면 어떻게 되었을까? 할 정도로 유배 생활이 그의 인생 최고 전성기가 되어 버린 것이다.

물론 이렇게 되기 위해서는 가장 먼저 자기 자신의 마음 관리와 자기 관리가 필요하다. 그래서 필자가 다산 정약용 선생을 그토록 존경하고 좋아하는 것이다.

그토록 가난하고 결핍되고 혹독한 세월을 그가 인생의 최고 전성기로 반전시킬 수 있었던 힘은 결국 붓과 책이었다.

그가 독서와 집필을 통해 귀양을 오기 전과 비교할 수 없을 정도로 방대한 책을 읽고, 방대한 책을 집필할 수 있었던 것은 유배 생활이 결정적인 계기가 되어 주었다.

하루 종일, 1년 365일 그에게 허락된 것은 유배지에서의 기거일 뿐이다. 여행도, 휴가도, 취미 생활도, 친구나 가족을 만나러 가는 일도 허락되지 않았다. 여기서 다산의 위대함을 엿볼 수 있다. 다산에 관한 이야기는 이쯤 해 두고, 그의 놀라운 독서법에 관해서 이야기를 이어가 보자.

 고전을 읽고자 하는 사람들은 어떤 면에서 다산처럼 고전을 읽어야 할 필요가 있다. 다산이 강조한 독서법은 먼저 바탕을 세우는 독서법이다.

 "독서에는 반드시 바탕을 먼저 세워야 한다. 무엇을 바탕이라고 하는가. 학문에 뜻을 두지 않으면 독서할 수 없으니, 학문에 뜻을 두려면 반드시 바탕을 세워야 한다. 무엇을 바탕이라고 하는가. 효도와 공경이 바로 그것이다. 모름지기 효도와 공경에 먼저 힘써 바탕을 세운다면 학문은 저절로 몸에 배게 된다. 학문이 몸에 배면 독서는 따로 이야기할 필요가 없다." < 다산 정약용 >

 효도와 공경이라는 바탕을 세우면, 학문이 몸에 배게 되고, 독서는 저절로 잘할 수 있게 된다고 한다. 효도와 공경은 인간의 가장 위대하고 숭고한 마음이다. 즉 독서를 하기 위해서 무엇보다도 마음이 중요하다는 것을 그는 말하고 있다.

이 사실에 대해서 필자가 분명하게 말할 수 있는 한 가지 이유는 실제로 3년 동안 다양한 독서법으로 방대한 양의 독서를 한 경험이 있기 때문이다.

이 경험을 하면서 처음 6개월 동안은 정말 바탕이 세워지지 않았기 때문에, 시간만 낭비하는 식의 독서를 했다.

부끄러운 이야기지만 사실이 그렇다. 6개월 동안 엄청난 양의 책의 읽었지만, 그것은 모두 밑 빠진 독에 물 붓기 식의 독서였다. 하지만 6개월이 지난 후부터 점차 독서라는 것이 제대로 되기 시작했고, 점차 독서력의 엄청난 도약을 경험하게 되었다.

그 6개월 전과 후의 차이를 한 마디로 설명하자면, 바탕이다.

그 당시의 6개월 전에는 그저 마음 관리 없이 책을

읽었다. 그런데 6개월 이후부터 마음 관리를 하면서 책을 읽기 시작했다.

좀 더 쉽게 말하자면, 6개월 후부터는 혼자 잘 먹고 잘 살기 위해서 책을 읽은 것이 아니라는 말이다. 순수한 열정, 순전한 마음으로 모든 이들을 공경하고, 자기 자신을 완벽하게 비우고, 낮추는 그런 마음으로 책을 읽었다는 것이다.

물론 독서의 기술도 달라졌다. 하지만 독서의 기술, 독서의 방법이 달라진 가장 근본적인 이유는 바로 독서하는 필자의 마음 자세가 달라졌기 때문이다.

다산의 말처럼, 바탕을 세우자, 마음이 달라졌고, 마음이 달라지자, 독서의 방법과 기술도 달라졌다. 그러자 알게 모르게 다산 정약용의 독서법과 점차 닮아졌고, 학문하는 이유와 세상에 대한 세계관과 철학관이 다산을 닮아가게 되었다.

그러자 다산처럼 모든 것이 바뀌었다.

다산 정약용은 18년 동안 유배 생활을 하면서 500권을 집필했다. 어마어마한 양이다. 필자도 다산처럼 닮아지게 되자, 10년 동안 100권의 책을 출간할 수 있게 되었다. 집필하는 것은 출간하는 것보다 쉽다. 출간을 하기 위해서는 집필된 원고를 다듬고, 편집해야 한다. 그래서 얼추 다산 선생의 집필 양과 비슷하다는 생각이 든다.

 더 놀라운 사실은 다산 선생의 독서력이 필자와 비슷하다는 사실을 그의 다른 책을 보고 알게 되었다는 사실이다.

 보통 그는 백 권의 책을 열흘 만에 독파하고, 정리하고, 자신의 것으로 삼을 수 있다고 말했다. 그런데 필자는 보통 하루에 열 권 이상, 책을 읽는다. 읽는다기보다는 독파하고, 정리하고, 자신의 것으로 소화한다고 말하는 것이 맞을 것이다.

 다산처럼 읽고, 쓰고, 생각하고, 살아가고 있는 자신을 발견하고 놀랐다. 그런데 평범했던 필자가 위대한 조선조 최고의 학자와 비슷하게 닮을 수 있었던 이유는 무엇일까? 그것은 바로 고전 독서의 위력이다.

 책을 읽지 않았다면 어떻게 그렇게 될 수 있었을까? 이 모든 것이 고전 독서의 힘이다.

 자기 계발서만 읽었다면, 벤츠를 사고, 부자가 되고, 성공했을 것이다. 그래서 빌 게이츠나 워런 버핏처럼 되었을 것이다. 하지만 이런 것들은 부산물이 아닐까?

 인문 고전을 읽었기 때문에 필자는 다산 정약용, 세종 대왕처럼 좀 더 가치 있는 일에 매진할 수 있게 되었다고 생각한다. 아직 그분들의 발꿈치도 쫓아가지 못했지만, 평생 노력하고 독서에 매진한다면 지금보다 더 많이 나아질 것이라고 확신한다.

 다산이 쓴 많은 책 중에서는 아이들을 가르치기 위해서 쓴 책들도 있다. [소학주관]이라는 책이 그런 책 중에 하나다. 이 책을 보면, 독서와 관련하여 매우 의미심장한 대목이 나온다.

"지금 내가 슬슬주 1만 섬을 얻었다 하더라도 꿰미로 꿰지 않으면 어디 간들 잃어버리지 않겠는가. 요즘 학문하는 방법도 이와 마찬가지다. 구경과 구류 백가에 나오는 수많은 책의 이름과 항목들이 모두 슬슬주다. 이것을 꿰미로 꿰지 않는다면 이 또한 얻는 대로 곧 잃어버리지 않겠는가."

다시 말해, 정약용 선생은 독서를 해도, 반드시 정리하고 요약하고, 체계적으로 분류하여야 자신의 것으로 될 수 있다고 말한다. 이것을 다른 말로 하면, 바로 필자가 쓴 독서법 책인 초의식 독서법이라고 할 수 있다.

초서 독서법과 의식 독서법을 합하여 초의식 독서법이라고 필자는 명명한 바 있다. 여기서 초서 독서법은 책을 눈으로만 보면 읽는 대로 곧 잃어버리게 되는 문제점을 개선한 독서법이다.

책을 읽으면서 중요한 부분, 새롭게 생긴 생각들

과 주견들을 노트에 정리하고, 필기하고, 요약하면서 책을 읽는 방법이 바로 초서 독서법이다. 여기에 의식 독서법은 책을 읽을 때 마음을 먼저 집중하고, 마음을 관리하면서 책을 읽는 독서법이다. 다른 말로 하면 바탕을 먼저 세우고 독서하라는 의미이기도 하다.

결국 필자가 쓴 세 번째 독서법 책인 '김병완의 초의식 독서법' 책은 다산 정약용 선생의 독서법을 그대로 재현시킨 것이고, 그것을 현대식으로 바꾸어, 현대의 독자들이 자기 독서력이 초급이든, 중급이든, 고급이든 상관없이 자신의 수준에 맞게 쉽게 따라 할 수 있도록 체계적으로, 구체적으로 실제 사례를 들어 풀어 써 준 현대식 독서법이라고 할 수 있다.

고전을 읽으면서 눈으로만 읽으려고 하는 것은 자만이다. 왜냐하면 눈으로만 읽어서는 절대 그것이 자신의 것이 되지 않기 때문이다. 다산 선생의 말대로 얻는 대로 곧 잃어버리게 되기 때문이다.

구슬이 서 말이라도 반드시 꿰어야만 가치 있는 보석이 되는 법이다. 고전 독서도 바로 이와 같다. 한 두 번 눈으로만 읽고 그 책의 진짜 가치를 다 얻었다고 생각하는 것은 자만이다.

그래서 고전 독서법으로 지금까지 그나마 유행했던 것이 토론 독서법인 것이다. 하지만 토론 독서법을 하기 위해서는 함께 토론해 줄 친구들, 사람들이 필요하고, 시간과 장소에 구애도 받는다. 그래서 많은 양의 고전 독서를 지속해서 해나갈 수 없다.

그래서 토론 독서법보다는 초서 독서법이 훨씬 더 효과적이고, 지속적이다. 필자가 토론 독서법보다 초서 독서법을 추천하는 이유는 또 있다.

토론 독서법은 서양에서 시작되었다. 서양인과 동양인의 생활 방식이 다른 것이 너무 많다. 생활 방식만 다른 것이 아니다. 당연히 지역적인 환경과 생활환경의 차이로 사고방식도 다르다.

그런 것들이 수백 년 혹은 수 천 년 영향을 주어,

결국 DNA가 약간 다르다고 할 수 있다.

한국인들이 세계 그 어떤 나라 백성들보다 음주와 가무에 강한 이유가 바로 이것이다. 한국의 K-POP이 전 세계를 사로잡는 이유가 한국인들만이 가지고 있는 DNA가 독특하기 때문이다.

이와 마찬가지로 동양인과 서양인들의 가장 큰 차이는 사고방식과 사고 프레임의 차이다.

동양인과 서양인의 이런 차이에 대해서는 수많은 논문과 책들이 통해 충분히 인식할 수 있다. 그렇게 많은 차이점 중의 하나가 서양인들은 누군가와 함께 대화하고, 토론할 때 사고력이 향상된다는 것과 이와 반대로, 동양인들은 혼자서 조용히 명상하거나 글씨를 쓸 때 사고력이 향상된다는 것이다.

그래서 토론식 수업, 토론식 독서법은 동양인들보다는 서양인들에게 최적화된 독서법이고 수업이다. 이것을 그대로 모방하기보다는 동양인들에게 맞는 독서법을 실천하는 것이 더 낫다는 것이 필자의 주장이다.

 필자가 교육학자이기 때문에 이런 말을 하는 것이 절대 아니다. 필자는 교육학 학위가 하나도 없는 사람이다. 하지만 필자가 이렇게 주장할 수 있는 이유는 방대한 책을 통한 지식과 이론적 근거 때문만이 아니다.

 실제로 독서력 도약의 경험을 했기 때문이다. 그것도 초서 독서법을 통해 가장 큰 도약을 경험했기 때문이다. 하지만 단지 필자가 혼자 이런 경험을 했기 때문에 토론 독서법보다 초서 독서법을 강조하는 것은 절대 아니다.

 세종대왕, 모택동, 다산 선생, 정조, 박지원 등 많은 위인이 초서를 통해, 즉 붓을 들고 쓰는 독서법을 통해 위대한 도약을 했기 때문이다.

 가난한 농부의 아들로 태어나, 제대로 된 교육을 받지 못한 모택동이 위대한 중국 건국의 아버지가 될 수 있었던 저력은 무엇이었을까?

바로 남다른 독서법 때문이었다. 그가 남긴 위대한 말을 보면 곧 알게 된다.

"붓을 들지 않는 독서는 독서가 아니다."

모택동은 누구보다도 더 붓을 들고 쓰면서 독서를 하는 사람이었다. 세종대왕은 또 어떤가?

백 번 읽고 백 번 쓰는 독서법인 백독백습을 실천했고, 항상 읽고 쓰기를 반복했다.

결론은 이것이다. 고전은 다산처럼 읽으라는 것이다. 다산은 초서 독서법으로 고전을 구슬처럼 꿰었다. 그래서 고전의 가치를 극대화할 줄 알았던 위대한 학자였다.

에필로그 _ 단 한 번뿐인 인생, 제대로 살고 싶다면 고전에 미쳐라.

 이 세상에서 정말 아름답고, 가치 있고, 탐나는 것은 돈을 주고 살 수 없다. 고전이란 책은 돈을 주고 살 수 있지만, 고전이라는 책 속에 담긴 지혜와 높은 수준의 의식과 사고는 절대 돈을 주고 살 수 없다. 그것은 직접 책을 펼쳐 들고, 눈으로 읽고, 머리로 생각하고, 가슴으로 받아들이고, 몸으로 실천해야만 자신의 것이 된다.

 그래서 단 한 번뿐인 인생, 제대로 살고 싶다면 고전에 미쳐야 한다.

 타인을 위한 최고의 선물은 우리의 부를 나누어 주는 것이 아니라 그들 자신이 가지고 있는 내면의 풍요로움을 드러내 주는 것이듯, 우리 자신에게 해 줄 수 있는 최고의 선물은 세상의 부와 성공을 획득하는 것이 아니라 우리 내면에 있는 최고의 지혜와 의식과 생각을 발견하는 것이다.

 다시 말해, 우리가 우리 자신에게 해 줄 수 있는 최고의 선물은 최고의 자신을 발견하고, 최고의 인생을 살아가도록 하는 것이다. 그런데 그러한 것들을 할 수 있게 해 주는 것은 유일무이하게 고전뿐이다.

 더 엄밀하게 말해서 고전 읽기뿐이다.

 고전에 미쳐야 하는 이유는 돌멩이와 산을 구별해 낼 수 있는 자와 없는 자의 인생은 전혀 다르기 때문이다. 우리 인간이 동물과 다른 삶을 살아낼 수 있는 이유도 바로 여기에 있다.

 그런데 같은 성인이라도 인생이 전혀 다른 모습을 하고 있음을 우리는 안다. 그런 천차만별의 인생 모습은 바로 돌멩이와 산을 얼마나 잘 구별해 낼 수 있는지에 달려 있다.

 다시 말해, 분별력과 판단력을 주도하는 우리의 의

에필로그 _ 단 한 번뿐인 인생, 제대로 살고 싶다면 고전에 미쳐라.

이 세상에서 정말 아름답고, 가치 있고, 탐나는 것은 돈을 주고 살 수 없다. 고전이란 책은 돈을 주고 살 수 있지만, 고전이라는 책 속에 담긴 지혜와 높은 수준의 의식과 사고는 절대 돈을 주고 살 수 없다. 그것은 직접 책을 펼쳐 들고, 눈으로 읽고, 머리로 생각하고, 가슴으로 받아들이고, 몸으로 실천해야만 자신의 것이 된다.

그래서 단 한 번뿐인 인생, 제대로 살고 싶다면 고전에 미쳐야 한다.

타인을 위한 최고의 선물은 우리의 부를 나누어 주는 것이 아니라 그들 자신이 가지고 있는 내면의 풍요로움을 드러내 주는 것이듯, 우리 자신에게 해 줄 수 있는 최고의 선물은 세상의 부와 성공을 획득하는 것이 아니라 우리 내면에 있는 최고의 지혜와 의식과 생각을 발견하는 것이다.

다시 말해, 우리가 우리 자신에게 해 줄 수 있는 최고의 선물은 최고의 자신을 발견하고, 최고의 인생을 살아가도록 하는 것이다. 그런데 그러한 것들을 할 수 있게 해 주는 것은 유일무이하게 고전뿐이다.

더 엄밀하게 말해서 고전 읽기뿐이다.

고전에 미쳐야 하는 이유는 돌멩이와 산을 구별해낼 수 있는 자와 없는 자의 인생은 전혀 다르기 때문이다. 우리 인간이 동물과 다른 삶을 살아낼 수 있는 이유도 바로 여기에 있다.

그런데 같은 성인이라도 인생이 전혀 다른 모습을 하고 있음을 우리는 안다. 그런 천차만별의 인생 모습은 바로 돌멩이와 산을 얼마나 잘 구별해 낼 수 있는지에 달려 있다.

다시 말해, 분별력과 판단력을 주도하는 우리의 의식과 사고력의 차이가 바로 우리 삶의 모습을 결정한다고 필자는 생각한다.

 위대한 인물들을 보면, 하나같이 사고력과 의식이 뛰어난 인물들이다. 그래서 누가 반대해도 쉽게 포기하지 않는다. 그들이 보기에는 돌멩이와 산이 같아 보여도, 위대한 사람들 눈에는 분명히 다른 것이기 때문에 아무리 실패를 해도 절대 포기할 수 없는 것이다.

 분명히 성공할 것이 확실하여서 어떻게 포기를 할 수 있을까? 지금 당장 눈앞에 결과는 절대 안 된다. 실패했다. 포기해야 한다고 말하지만, 위인들의 눈에는 그것이 불가능이 아니라 가능으로 보인다는 것이다.

 이것이 바로 분별력과 사고력의 차이에서 비롯된다는 것이다. 그래서 고전 읽기를 통해 사고력과 분별력이 높은 사람들은 언제나 세상과 다른 사람들의 엄청난 반대와 역경과 실패에 부딪히게 되는 것이 당연하다.

하지만 결국에는 자기 생각이 옳다는 것을 또한 입증해서 보여주는 쪽은 항상 반대했던 사람들이 아니라 꿋꿋하게 밀고 나갔던 소수의 괴짜고, 위인들이다.

이러한 분별력과 사고력, 높은 수준의 의식은 고전 읽기를 통해서만 얻을 수 있다. 그래서 한 번뿐인 인생, 제대로 살고 싶다면 고전에 미쳐라.

판권

종이책 : 값 13,000 원

초판 인쇄: 2025년 10월 30일
초판 발행: 2025년 10월 30일

지은이: 김병완
발행인: 플랫폼연구소

출판등록: 제 2020-000075호

전화: 010-3920-6036 / 02-556-6036
이메일: pflab2020@naver.com

주소:서울시 강남구 삼성동 116 백우빌딩 402호

ISBN 979-11-91396-68-3(03190)

* 이 책의 전부 또는 일부 내용을 재사용하시려면 사전에 저작권자와 도서출판 (주) 플랫폼연구소의 동의를 받아야 합니다.

* 잘못된 책은 구입하신 서점에서 교환하여 드립니다.